Mary Noble & Janet Mehigan

Perfekt
kalligraphieren
lernen

Bechtermünz

Inhalt

Kalligraphie heute   6

Zum Beginn   10

- Arbeitsgeräte und Materialien   12
- Die Arbeitsgrundlagen   16
- Die ersten Federstriche   18
- Häufig auftretende Probleme   22
- Die Merkmale der Buchstaben   24

Originaltitel: The Calligrapher's Companion
Originalverlag: Thunder Bay Press, San Diego

Deutsche Erstausgabe
Copyright © by Quarto Inc., London 1997
Copyright © für die deutsche Übersetzung und Ausgabe
by Weltbild Verlag GmbH, Augsburg 2001

Copyright unter Internationalem, Panamerikanischem und Welturheberrechtsabkommen. Alle Rechte vorbehalten. Ohne schriftliche Genehmigung des Verlages darf kein Teil dieses Buches reproduziert oder in irgendeiner Form oder durch irgendein elektronisches oder mechanisches Mittel, darunter Fotokopieren und Aufzeichnen, oder durch irgendein System zur Informationsspeicherung und -wiedergewinnung übertragen werden. Für Rezensionen dürfen kurze Passagen (nicht über 1000 Wörter) zitiert werden.

Gestaltung: Hugh Schermuly
Bildrecherche: Miriam Hyman
Fotografie: Paul Forrester, Les Weis

Aus dem Englischen übertragen von Regina van Treeck, Leipzig
Bearbeitung der deutschen Ausgabe:
Neumann & Nürnberger, Machern
Einbandgestaltung: Georg Lehmacher, Friedberg (Bay.)

Gesamtherstellung: Mladinska Knjiga, Ljubljana
Printed in Slovenia

ISBN 3-8289-2379-8

2003 2002 2001
Die letzte Jahreszahl gibt die aktuelle Lizenzausgabe an.

Die Ästhetik der Kalligraphie 72

- Komposition und Gestaltung 74
- Kalligraphische Alphabete 78
- Die Wiedergabe eines Textes 80
- Prinzipien der farblichen Gestaltung 82
- Die Gestaltung eines farbigen Hintergrundes 88
- Auswahl der Schrift 100
- Buchmalerei 104

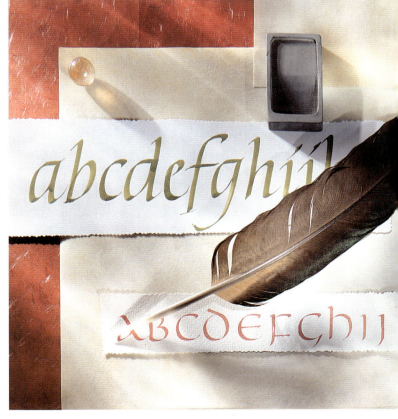

Schriftenkatalog 26

- Zur Arbeit mit dem Schriftenkatalog 28
- Römische Capitalis 30
- Unziale 34
- Halbunziale 38
- Versalschrift 42
- Karolingische Minuskel 46
- Foundational 50
- Gotische Schrift 54
- Bâtarde 58
- Humanistische Kursive 62
- Englische Schreibschrift 69

Register 110

Abbildungsnachweis 112

Kalligraphie heute

*D*as Wiedererstehen des Interesses an der Kalligraphie in der westlichen Welt nahm seinen Anfang mit dem Werk Edward Johnstons (1872–1944). Johnston analysierte im Britischen Museum in London die Art und Weise der Entstehung alter Handschriften, die früher benutzten Schreibwerkzeuge und die verschiedenen Federhaltungen, mit denen die Schriften geschrieben waren. Er schuf die Foundational, die wir noch heute verwenden, und unterrichtete viele Studenten, die später sehr kunstfertige Kalligraphen wurden.

In der heutigen Zeit geht man freisinniger und großzügiger an die Schriftgestaltung heran. Die Arbeit in riesigen Werbeimperien hat innovative und kreative Kalligraphen die Grenzen erweitern lassen. Die Kalligraphie entwickelt sich heute zu einer Kunstform und ist eine Basis um herausfordernde Statements abzugeben, Ansichten über die Sprache der Wörter und Buchstaben zu kreieren und bewegender Poesie und Prosa Ausdruck zu verleihen. Mit der Einführung der Farbfotografie und des Vierfarbendruckes ergaben sich hunderte Möglichkeiten, neue Buchstabenformen darzustellen. Die Welt der Graphik und der Werbung baut nicht allein auf die Information, sondern auch auf die Farbenlehre sowie auf Wirkung und Ausdruck der Wörter. Neue Bilder, Ideen und Formen steigern das Interesse und den Reiz, verbreiten Vorstellungen und verkaufen Produkte.

Digitalisierte Schrift kann gestreckt, auf den Kopf gestellt, fett gemacht und ein- oder ausgeblendet werden; man kann sie vergrößern oder verkleinern, man kann mit ihr Stimmungen erzeugen, etwas ausdrücken und auf Gefühle anspielen.

Heute geben erfahrene Kalligraphen der Schriftgestaltung immer neue Lebendigkeit. Bei der Herstellung schöner Manuskripte wie auch in der kommerziellen Welt der Graphik baut man auf die Deutung und den Stimmungsgehalt der Wörter, und die Zahl der Möglichkeiten neuer Bilder und Formen ist endlos.

Wir akzeptieren das geschriebene Wort als solch grundlegendes Wissen, dass wir nur auf die gedruckten, digitalisierten oder handgeschriebenen Wörter achten und über die mehr oder weniger kunstvolle Anordnung der Buchstaben jenseits der Botschaft, die das Wort übermittelt, nur wenig nachdenken. Das Wort begegnet uns überall im täglichen Leben – in Zeitungen und Büchern, im Fernsehen, auf Warenverpackungen und auf Firmenschildern.

Das Alphabet

Die Geschichte des Alphabets ist lang und kompliziert. Sie begann vor mehr als 20 000 Jahren mit Bildern, die die Menschen damals an Höhlenwände malten, und entwickelte sich langsam zu Symbolen unterschiedlicher Formen, die sich im Verlaufe sozialer und technischer Veränderungen wandelten. Um 1200 v. Chr. schufen die Phönizier das erste Alphabet. Es wurde 850 v. Chr. von den Griechen übernommen und dann von den Etruskern weiterentwickelt, die ihr Alphabet mitbrachten, als sie im 7. Jahrhundert in Rom einfielen. Als die Römer die etruskische Herrschaft im 3. Jahrhundert v. Chr. beseitigten, modifizierten sie das Alphabet zu der Form, die wir heute kennen – mit Ausnahme der Buchstaben J, U und W, denn I und V dienten auch als J und U und das W fehlte.

Das lateinische Alphabet existiert seit mehr als 2000 Jahren, doch durch die verwendeten Schreibwerkzeuge sowie durch das soziale und ökonomische Umfeld, in der es geschrieben wurde, hat sich seine optische Form verändert. Die Buchstaben des bekanntesten römischen Alphabets, der Capitalis Monumentalis, wurden sowohl in

Das Evangeliar von Kells, ein einzigartiges Beispiel für die insulare Halbunziale, wurde im 8. Jahrhundert von irischen Schreibern gefertigt. ▲

Kalligraphie heute **7**

Die Winchester-Bibel aus dem 12. Jahrhundert. Sie ist ein Beispiel für die spätkarolingische Schrift, die bereits Anfänge des komprimierten gotischen Schriftbildes zeigt. Neben dem meisterhaft verzierten Initial sind in Rot und Blau geschriebene Versalien zu sehen. ◀

Der Luttrell-Psalter ist ein schönes Beispiel für die gotische Textura Precissa. Die Buchstaben des dicht geschriebenen Textes haben am Fuß flach abschließende Mittel- und Unterlängen. Der Psalter wurde in der Zeit zwischen 1325 und 1335 in England geschrieben und illustriert. ▲

Stein geschnitten als auch mit dem Pinsel geschrieben. Sie sind noch heute an Monumenten wie der 113 n. Chr. in Rom errichteten Trajanssäule zu sehen. Die Amtsschrift für Handschriften, Dokumente und Bekanntmachungen war die Capitalis Rustica, die man mit dem Pinsel oder der Rohrfeder auf Papyrus schrieb. Die Römer benutzten darüber hinaus eine kursive Handschrift, die für inoffizielle Dokumente und für Rechnungen im täglichen Gebrauch war und mit einem Griffel in Wachstäfelchen geritzt wurde. Diese Schriften waren mit dem 1. Jahrhundert n. Chr. zum Standard geworden. Im 4. Jahrhundert erschien die Capitalis Quadrata als Buchschrift, die man auf Pergament schrieb.

Die Papyrusrollen, die als kostspielige Importe aus Ägypten kamen und schwer zu handhaben waren, wurden allmählich durch den Codex (Buchform) abgelöst, und als Beschreibstoff verwendete man immer häufiger Tierhäute. Als das Pergament – aus Schafshaut oder in feinerer Qualität aus Kalbshaut gemacht – in den westlichen Ländern zum allgemein gebräuchlichen Material für Bücher wurde, kam auch der Kiel, meist ein Gänsefederkiel, immer mehr in Gebrauch. Durch den feinen Strich der Vogelfeder und die Schreibgeschwindigkeit wurden die Buchstabenformen runder. Man nannte diese Schrift Unziale.

Unziale und Halbunziale

Die Unziale kam im 4. Jahrhundert auf. Sie wurde bis zum 8. Jahrhundert die wichtigste römische Buchschrift und war bis ins 12. Jahrhundert vor allem für Überschriften gebräuchlich. In dieser Zeit entstanden überall in Europa zahlreiche Abwandlungen, darunter auch die später benutzte Halbunziale. Diese Schriften bestanden zwar noch immer aus Großbuchstaben, doch zeigten die Buchstaben D, F, G, H, K, L und P bereits erste Andeutungen von Ober- und Unterlängen, die dann bei den Minuskeln (Kleinbuchstaben) eine Rolle spielten. Großbritannien entwickelte seinen eigenen Schriftstil, der von irischen Mönchen beeinflusst wurde. Als die Buchproduktion stieg, wurde die Linienführung flüssiger und weniger formal, die Ober- und Unterlängen waren deutlicher ausgeprägt, und es entstand eine Schrift, die wir die insulare Halbunziale nennen und die die irischen Schreiber im Book of Kells benutzten.

Die karolingische Minuskel

Karl der Große, 768 – 814 König der Franken und im Jahr 800 zum römischen Kaiser gekrönt, herrschte über ein riesiges Gebiet, das sich von Italien und Spanien im

8 Kalligraphie heute

Ein Beispiel gotischer Druckschrift aus der Handdruckpresse Gutenbergs: Ein Buch aus dem 15. Jahrhundert mit handgemalten Initialen und verzierten Randleisten. ▲

Eine moderne römische Unziale, geschrieben von Gareth Colgan. ◄

Süden über ganz Deutschland und Europa erstreckte. Von diesem Reich ging für die westliche Zivilisation eine großartige kulturelle Erneuerung aus. Karl der Große war Christ, war gebildet, liebte Bücher und klassische Gelehrsamkeit. Er erließ eine Verordnung alle liturgischen Bücher in seinem Reich zu vereinheitlichen und lud zur Erfüllung dieser Aufgabe viele Gelehrte an seinen Hof ein. Er ernannte Alkuin (735–804) von der Cathedral Schools von York, zum Leiter der Aachener Hofschule. Die am Hof Karls des Großen benutzte Schrift war die karolingische Minuskel, eine elegante Handschrift, die aus der Halbunziale entwickelt worden war, im Gegensatz zu dieser aber leicht nach rechts geneigt war und bis weit ins 11. Jahrhundert benutzt wurde. Bei der Standardisierung der Bücher entwickelte sich eine Hierarchie der Schriften: Die Titel wurden mit römischen Großbuchstaben, die Anfangszeilen mit Unzial- oder Halbunzialformen und weitere Zeilen oftmals mit Buchstaben der Capitalis Rustica geschrieben; für den Hauptteil des Textes benutzte man die karolingische Minuskel. Die Großbuchstaben im Text waren im Allgemeinen der Unzialschrift entlehnt.

Versalschrift

Die ersten Bücher waren in Großbuchstaben geschrieben, der Text wies nur wenige Zwischenräume auf. Später wurden vergrößerte Versalien benutzt um Überschriften oder Zeilenanfänge hervorzuheben. Die Formen und Proportionen basierten auf der römischen Capitalis Monumentalis, sie wurden schnell und kunstgerecht mit der Feder geschrieben. Die schönsten Beispiele stammen aus dem 9. und 10. Jahrhundert. Wie in der Winchester-Bibel kolorierte man die Versalien oftmals rot und blau.

Die Anfänge der gotischen Schrift

Im 11. und 12. Jahrhundert erhielt der geschriebene Buchstabe eine gedrängtere Form, die Verzierungen wurden kunstvoller. Man schmückte und vergoldete die Anfangsbuchstaben im Text und versah sie mit bedeutungsvollen Figuren. Die Buchkünstler reisten von Kloster zu Kloster durch Europa, wie es ihre Arbeit erforderte.

Doch nicht nur die Kirche hatte einen großen Bedarf an Büchern, sondern auch der Laienstand und die Universitäten. Vom 13. Jahrhundert an existierten in Paris, Bologna, Winchester, Oxford und York Werkstätten, in denen professionelle Schreiber beschäftigt waren. Die Buchstaben erhielten eine komprimiertere Form, was wahrscheinlich damals mit dem bevorzugten architektonischen und künstlerischen Stil zusammenhing und der Notwendigkeit entsprang, mit den in der Buchproduktion verwendeten Materialien sparsam umzugehen.

Gotische Schrift (Black Letter)

Die gotische Schrift oder Black Letter entwickelte sich überall in Europa in einer großen Variationsbreite. Im nördlichen Europa benutzte man die Quadrata, eine eckige Texturschrift, deren Buchstabenfüße auf der Spitze stehende Quadrate waren.

In England schrieb man die Textura Precissa, eine komprimierte gotische Schrift mit flachen, geraden Füßen, die entstand, wenn der Schreiber die Feder am Ende des Buchstabenschafts drehte oder den Fuß mit der Federkante ausfüllte. Die gotische Schrift (Textur) erhielt schließlich eine sehr gedrängte Form, und der Text bildete auf den Buchseiten ein dichtes Gewebe. Das Schreiben war zeitaufwändig, das Lesen der Texte schwierig. Die Buchstaben basierten auf der Form des eckigen, schmalen „o", die Leerräume innerhalb der Buchstaben und zwischen ihnen waren gleich.

In dieser Zeit wurde in Frankreich eine stärker kursiv ausgeprägte gotische Schrift, die Bâtarde, und in Deutschland die Fraktur, ebenfalls eine gotische Schreibschrift, benutzt. Die Buchstaben der Fraktur wurden allerdings senkrecht geschrieben und hatten die Massigkeit und die strenge Wirkung der Textur.

In Südeuropa konnte sich die schwere nordeuropäische Gotik nicht durchsetzen; dort benutzte man eine rundere, offenere Form – die Rotunda.

Während der italienischen Renaissance (1400 – 1500) kam es zu einer Wiedergeburt des Interesses an klassischer Bildung, die Italien die karolingische Minuskel neu entdecken ließ. Daraus entwickelten sich die humanistische Minuskel und die Anfänge der humanistischen Kursive.

Nachdem die beweglichen Lettern erfunden waren, standen den Druckern nicht wenige Schriftarten zur Auswahl. Viele Bücher wurden mit gotischen Lettern gedruckt. In Italien ging man zu Drucktypen nach dem Vorbild klassisch-römischer, karolingischer und humanistischer Handschriften über, die die Grundlagen unserer modernen Schriftarten sind. Viele davon, wie beispielsweise die Palatino oder die Bodoni, tragen noch heute ihre alten Namen. Italienische Schreiber griffen die römische Capitalis Quadrata wieder auf, und so enthielten von 1450 an zahlreiche in Italien entstandene Handschriften Seiten mit diesen eleganten Buchstaben. Viele dieser Arbeiten stammten von dem Schreiber Bartolomeo Vito aus Padua, der im Laufe der Zeit seinen eigenen unnachahmlichen Stil entwickelte.

Humanistische Kursive

Die humanistische Kursive war ein Abkömmling der humanistischen Minuskel. Sie wurde schneller und leicht geneigt geschrieben, und die Feder wurde seltener abgesetzt. So entstanden elegante, fließende Buchstaben. Die Zahl der Varianten, die es heute davon gibt, ist endlos.

Englische Schreibschrift

Nach der Renaissance erlebte das Schreiben mit der angeschnittenen, kantigen Feder einen Rückgang. Als Ersatz kam die englische Schreibschrift auf, die man mit einem spitzen Federkiel schrieb. Diese Schrift war in In-

Eine spannungsvolle und sinnträchtige kalligraphische Arbeit und Illustration von Penny Price in modernen kursiven Großbuchstaben. ▲

dustrie und Handel eine vielbenutzte Korrespondenzschrift. Ihre besten Formen wiesen sie als eine schöne Schrift aus, im schlechtesten Fall wirkte sie überladen.

Foundational

Vor nunmehr fast 100 Jahren entwickelte Edward Johnston die Foundational, und es scheint fast unvorstellbar, dass das Alphabet seine gegenwärtige Form irgendwann ändern könnte. Doch die Geschichte gebietet auch hier den unvermeidlichen Wandel.

Zum Beginn

- Arbeitsgeräte und Materialien 12
- Die Arbeitsgrundlagen 16
- Die ersten Federstriche 18
- Häufig auftretende Probleme 22
- Die Merkmale der Buchstaben 24

12 Zum Beginn

Arbeitsgeräte und Materialien

Beginnt man sich praktisch mit der Kalligraphie zu beschäftigen, benötigt man eine Schreibfeder zum Eintauchen, Papier, wasserlösliche Tusche und ein Reißbrett. Über kurz oder lang werden Sie sich vielleicht weitere Arbeitsmaterialien – Stifte, Radiergummi, eine Reißschiene (die das Linieren des Schreibblattes erleichtert), verschiedene Federn, Farben oder farbige Tusche zulegen wollen.

Federn und abnehmbare Reservoirs für die Schreibflüssigkeit müssen nach der Arbeit gesäubert und getrocknet werden. Pinsel spült man in kaltem Wasser aus, streicht sie ab und lässt sie mit den Haaren nach oben in einem Gefäß stehend trocknen. Um Ihre guten Schreibpinsel zu schonen, benutzen Sie zum Anmischen von Farben am besten einen alten oder einen billigen Pinsel aus Nylonhaar. Halten Sie sämtliche Arbeitsgeräte sauber.

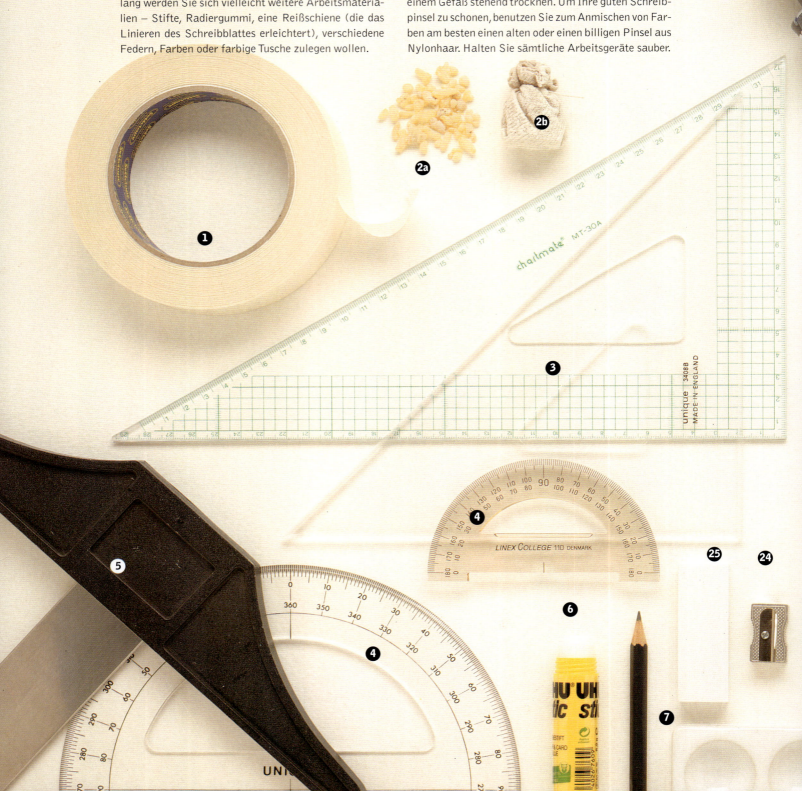

Die Grundausstattung

Die hier gezeigte Ausrüstung wird Ihnen bei den ersten Schritten auf dem Gebiet der Kalligraphie gute Dienste leisten. Materialien, die Sie darüber hinaus für farbige Gestaltungen und Buchmalerei benötigen, sind im jeweiligen Kapitel angegeben.

1 Kreppband zum Fixieren des Papiers; lässt sich problemlos wieder abziehen.
2 Sandarak; fein gemahlenes Harz, das auf Papier oder Tierhaut gestäubt wird um die Schriftschärfe zu erhöhen:
a) in Kristallform **b)** fein gemahlen, in einem Gefäß oder einem Beutel (s. Abb.) aufbewahrt.
3 Zeichendreiecke (45°, 30/60°) zum Abmessen des Federansatzwinkels und zum Ziehen senkrechter und waagerechter Linien.
4 Winkelmesser zum Abmessen des Ansatzwinkels und der Buchstabenneigung (bei Kursivschrift).
5 Reißschiene zum Ziehen paralleler Schriftlinien.
6 Leimstift; nicht dauerhaft klebender Leim für Entwürfe.
7 Bleistifte (Härte 2H, H und HB).
8 Lineal zum Messen und Linienziehen.
9 Metallschiene zum Reißen von Papier.
10 Papiermesser.
11 Verschiedene wasserlösliche Kalligraphietuschen.
12 Schere.
13 Kalligraphiefüllhalter mit rechtwinkliger Federspitze; gut für Anfänger oder für Schreibübungen geeignet.
14 Federhalter (am besten rund) mit verschiedenen Federn:
a) Feder mit rechtwinkliger Spitze **b)** Schreibfedern **c)** Zeichenfedern für Landkarten **d)** Federn mit rechtwinkliger Spitze und separatem Reservoir **e)** Bandzugfedern mit abgeschrägter Spitze.
15 Abgewinkelte Feder für die englische Schreibschrift.
16 Federhalter für die gerade Feder (für englische Schreibschrift).
17 Federhalter.
18 Englische Schreibfeder (Plakatfeder) für Großschrift.
19 Wasserfarben in Kästchen.
20 Wasserfarben in Tuben zum Zeichnen und für dünn aufgetragene Farbüberzüge.
21 Designer-Gouache; für farbige Schrift sehr gut geeignete opake Wasserfarbe.
22 Mischpalette.
23 Malpinsel aus Marderhaar oder Marder-/Synthetikhaar.
24 Bleistiftspitzer.
25 Radiergummi.
Wenn gewünscht: Stechzirkel zum Abmessen, Zirkel, Reißfeder, Schneidunterlage und Skizzenbuch.

Die Grundausstattung für das Vergolden

Neben der abgebildeten Grundausstattung benötigen Sie Folgendes: Ammoniakgummi in Stücken oder als fertige Lösung, Stößel und Mörser, ein kleines Stück Seide zum Abreiben des Polierers aus Achat.

1 Reibstein aus Glas; traditionell zum Mahlen der Zutaten für den Kreidegrund oder der Pigmente für eine Farbe benutzt.
2 Glasplatte, auf der die Zutaten mit dem o. g. Reibstein gemahlen werden. Beide Utensilien sind schwer zu bekommen und zudem kostspielig. Wir empfehlen zum Mahlen der Zutaten Stößel und Mörser, die speziell zu diesem Zweck gekauft und ausschließlich dafür benutzt werden, da manche Zutaten giftig sind.
3 Skalpell mit auswechselbarer Klinge. Hier eine spitze Klinge zum Zurechtschneiden des Papiers; zum Entfernen überstehender Blattgoldstücke und zum Glätten von Oberflächen dient eine geschwungene Klinge.
4 Polierer aus Achat zum Polieren des Goldes.
5 Malpinsel; kleinere Pinsel zum Malen oder zum Auftragen des Goldes, ein großer weicher Pinsel zum Abfegen von Goldresten.
6 Glaspipette zum tropfenweisen Abmessen von destilliertem Wasser.
7 Zu kleinen trockenen Stücken geformter, gebrauchsfertiger Kreidegrund, zu dem 2 Tropfen destilliertes Wasser gegeben werden.
8 PVAC (Polyvinylacetat); Grundierleim für Vergoldungen.
9 Akrylglanzmittel; synthetischer Haftgrund für Vergoldungen.
10 Vergoldungsmittel (rosa) zur Verwendung bei der Illumination; am besten mit einem (alten) Pinsel auf größere vergoldete Stellen auftragen.
11 Edelmetall zum Vergolden.
12 Blattgold; in der Regel am besten ist 23 ¼-karätiges Gold in Büchlein zu je 25 Blatt.
13 Pergaminpapier oder Pergamentpapier zum Abdecken des Goldes beim ersten Polieren.

Arbeitsgeräte und Material **15**

Die Auswahl des Papiers

Für kalligraphische Arbeiten steht eine große Vielfalt strukturierter, glatter oder gefärbter Papiere zur Auswahl. Ihr Gewicht wird in Gramm pro Quadratmeter gemessen. Je kleiner die Zahl, desto leichter und dünner ist das Papier. Die Zahl bezieht sich auf das Gewicht eines Rieses, eines 500 Bogen starken Papierstapels. Ein 190 g/cm² schweres Papier ist dünner als ein Papier, dessen Gewicht mit 300 g/cm² angegeben ist. Die Textur hochwertiger Aquarellpapiere bezeichnet man bei glatter Oberfläche als heiß gepresst, bei leicht strukturierter Oberfläche als nicht oder kalt gepresst und bei stark strukturierter Oberfläche als rau.

Probieren Sie Ihre ersten Striche und Experimente auf unterschiedlichen Papiersorten aus und machen Sie sich für später Notizen über Ihre Beobachtungen. Das hilft Ihnen, die speziellen Qualitäten jeder einzelnen Sorte kennen zu lernen. Kaufen Sie teures Papier, dann gehen Sie vorsichtig damit um; tragen Sie es möglichst nicht zusammengerollt, damit es nicht beschädigt wird. Bewahren Sie das Papier flach auf einer ebenen Unterlage auf.

Verschiedene Oberflächen

Beachten Sie bei der Auswahl des Papiers für Ihre Arbeit, dass durch die Verwendung verschiedener Oberflächen hübsche Effekte erzielt werden können.
a) Beim Schreiben auf heiß gepresstem Papier ergibt sich eine schöne glatte Linienführung; das Papier eignet sich für feine Arbeiten.
b) Auf kalt gepresstem Papier entstehen interessante, leicht strukturierte Federstriche.
c) Eine tolle Strukturwirkung wird auf rauem Papier erzeugt; raues Papier ist nur zum Beschreiben mit stärkeren Federn, z. B. englischen Schreibfedern, geeignet.

Papiere

1 Handgeschöpfte Papiere. Spezialgeschäfte bieten eine gute Auswahl unterschiedlicher Papierstrukturen und -qualitäten, die von den bei der Herstellung verwendeten Naturfasern abhängig sind. Diese Papiere können ein Schriftblatt besonders reizvoll und interessant machen. Sie eignen sich auch sehr gut als Einbandmaterial für kleine Bücher.
2 Maschinenpapiere. Diese Papiere sind in den meisten Geschäften für Künstlerbedarf erhältlich. Sie sind in der Regel billiger und werden aus Holzschliff oder einer Mischung aus Holzschliff und Baumwoll- oder Leinenfasern hergestellt. Das fertige weiße, cremefarbene oder farbige Papier wird meist in Bahnen auf lange Rollen gewickelt und in Bogen geschnitten.
3 Layout- oder Pauspapier. Es ist leicht durchsichtig und hat eine glatte Oberfläche, die sich sehr gut für Schreibübungen eignet. Es wird bei Entwurfsarbeiten für Transparentauflagen und Klebemontagen verwendet.
4 Pastellpapier. Hochwertiges Pastellpapier ist für den Kalligraphen von unschätzbarem Wert. Es ist in einer sehr breiten Auswahl an Farben und Strukturen erhältlich und weist meist eine glatte oder strukturierte Rückseite auf, die beschrieben wird.
5 Pergament. Dieser Beschreibstoff wird aus Tierhäuten hergestellt. Für feineres Pergament verwendet man Kalbshaut, ansonsten meist Schafshaut.

Die Arbeitsgrundlagen

Die idealen Arbeitsbedingungen für einen Kalligraphen sind gutes Licht – Tages- oder Kunstlicht –, ein Tisch und eine bequeme Sitzgelegenheit in der richtigen Höhe, ein schräges Brett mit gepolsterter Schreibfläche, auf einer Seite des Tisches ausreichend Platz für die Schreibutensilien. Setzen Sie sich so, dass das Tages- oder Kunstlicht keinen Schatten auf Ihre Arbeitsfläche wirft.

Das Reißbrett

Sie benötigen eine Auflage, auf die Sie sich beim Arbeiten stützen können und die um etwa 45° geneigt ist. Eine schräge Unterlage wirkt sich zum einen günstiger auf Ihre Körperhaltung aus und sorgt zum anderen bei Eintauchfedern für einen optimalen Fluss der Schreibflüssigkeit.

Die Kanten des Reißbrettes müssen glatt und gerade sein, damit Sie die Reißschiene richtig anlegen können. Halten Sie die Kanten deshalb von Kreppband frei. Um den Schreibkomfort zu verbessern, polstern Sie das Brett mit einigen Lagen Papier, das sorgfältig (nicht über den Rand des Brettes hinaus) mit Kreppband befestigt werden muss. Kleben Sie außerdem ein Blatt Papier als Handauflage fest; es soll Ihre kalligraphische Arbeit vor Tusche- oder Farbspritzern und vor den natürlichen Ausscheidungen Ihrer Haut schützen, die das Papier fettig und damit schwer beschreibbar machen können.

Die Arbeitshaltung

Der Arbeitstisch kann auf zweierlei Art als Auflage für Ihr Reißbrett dienen: Sie stellen den unteren Rand des Reißbrettes auf Ihren Schoß und lehnen das Brett an die Tischkante oder Sie legen das Brett auf den Tisch und stützen es mit einigen Büchern ab. Ist Letzteres der Fall, dann fixieren Sie die Unterkante des Brettes mit Klebeband auf der Tischplatte um das Verrutschen zu verhindern. Achten Sie darauf, dass Sie bequem sitzen und dass kein Schatten auf die Schreibfläche fällt. Wenn Sie über einer kalligraphischen Arbeit sitzen, dann stehen Sie ab und zu auf um die Beine zu strecken und die Nackenmuskeln zu entspannen.

Ein gutes Arbeitsumfeld

Sie werden Ihre besten kalligraphischen Kunstwerke schaffen, wenn Sie bequem arbeiten können. Sorgen Sie dafür, dass sich die Lichtquelle links von Ihnen befindet, wenn Sie Rechtshänder sind bzw. dass das Licht von rechts kommt, wenn Sie zu den Linkshändern gehören. Haben Sie konzentriert gearbeitet, dann stehen Sie auf und laufen umher; bewegen Sie Ihre Hände um alle Spannungen zu lockern und richten Sie den Blick in die Ferne um Ihre Augen ausruhen zu lassen.

Lehnen Sie das Reißbrett an den Tisch, die untere Brettkante liegt auf Ihrem Schoß auf. Überprüfen Sie, dass es fest aufliegt und sich beim Schreiben nicht bewegt.

Die Schreibfläche schattenfrei halten.

Die Brettkante, an der die Reißschiene anliegt, nicht mit Kreppband bekleben.

Sitzen Sie beim Schreiben gerade um Nacken- und Rückenschmerzen zu vermeiden. Richten Sie Ihren Stuhl oder das Reißbrett so aus, dass Sie in einer guten Körperhaltung arbeiten können.

Das Reißbrett sollte gepolstert sein. Halten Sie den Rand, an dem die Reißschiene angelegt wird, frei von Klebeband. Befestigen Sie ein Blatt Papier als Handauflage; es schützt Ihr Schreibblatt vor Schweiß.

Der Tisch muss die richtige Höhe für die Sitzgelegenheit und genügend freie Fläche als Ablage für Stifte u. a. Materialien haben. Die Kante zum Anlehnen des Brettes muss gerade sein.

Die Arbeitsgrundlagen **17**

Das Polstern der Schreibunterlage

MATERIAL

zum Polstern
der Schreibunterlage

Reißbrett
mehrere Bogen Zeitungspapier
ein Bogen weißes Papier
Kreppband

zum Linieren
des Schreibblattes

Lineal mit Maßeinteilung
Stechzirkel
Reißschiene
Bleistift

1 Zum Polstern der Schreibunterlage nehmen Sie zwei Bogen weißes Löschpapier oder mehrere Bogen Zeitungspapier, die Sie zuvor mit weißem Papier abgedeckt und glattgebügelt haben. Schneiden Sie das Papier auf Reißbrettgröße zu.

2 Befestigen Sie das Papier an allen Seiten mit Kreppband auf dem Brett. Kleben Sie das Kreppband nicht über den Rand hinaus, wenn Sie die Absicht haben mit einer Reißschiene zu arbeiten.

3 Den Schluss bildet ein quer über dem Brett liegender kleinerer Bogen Papier, dessen oberer Rand sich auf Schreibhöhe befindet. Er wird nur an den Seiten befestigt, damit das Schreibpapier darunter nicht verschoben werden kann.

Das Linieren des Schreibblattes

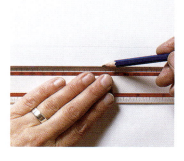

1 Legen Sie den gewünschten Abstand zwischen den Linien genau fest. Der Abstand wird meist in Federbreiten gemessen.

2 Sollen alle Linien den gleichen Abstand voneinander haben, können Sie zum Abmessen auch einen Stechzirkel benutzen.

3 Rücken Sie den Stechzirkel am Blattrand Zeile für Zeile nach unten oder messen Sie die Abstände mit dem Lineal ab.

4 Haben Sie die Abmessungen an beiden Seiten markiert, legen Sie das Lineal an und verbinden Sie die einander gegenüber liegenden Markierungspunkte mit dünnen, aber deutlich sichtbaren Linien.

5 Arbeiten Sie mit der Reißschiene, dann markieren Sie die Abstände nur an einer Seite des Blattes und befestigen das Blatt auf dem Reißbrett, damit es nicht verrutscht. Drücken Sie die Kante der Reißschiene beim Linienziehen fest gegen das Brett.

Die ersten Federstriche

Bevor Sie versuchen Buchstaben zu schreiben, ist es ganz nützlich sich mit einer breiten Feder vertraut zu machen. Sie zieht im Unterschied zu Bleistift oder Kugelschreiber dicke und dünne Striche, je nachdem, ob sie nach unten oder seitwärts gezogen wird. Achten Sie darauf, dass Sie die Feder fest führen und mit der vollen Breite gleichbleibend gegen das Papier drücken, denn die Striche werden un-

Linkshänder
Drehen Sie Ihr Handgelenk etwas, damit Sie die gerade Kante der Feder im richtigen Winkel halten können. Bei einer nach links abgeschrägten Feder brauchen Sie das Gelenk nicht so stark zu drehen. Es ist für Sie vielleicht bequemer, wenn das Schreibblatt links von Ihnen liegt. Achten Sie dann aber darauf, dass Sie noch sehen können, was Sie schreiben.

Das Halten des Federhalters
Fassen Sie den Federhalter nahe der Feder mit Daumen, Zeige- und Mittelfinger. Drehen Sie ihn etwas zwischen den Fingern, bis Sie merken, dass die gesamte Federbreite Kontakt mit dem Papier hat. Ziehen Sie zur Probe einen dicken, dann einen seitlichen dünnen Strich.

Über Hand schreibende Linkshänder
Schreiben Sie normalerweise über Hand, dann führen Sie die einzelnen Striche anders – von unten nach oben – aus, damit Feder und Tusche auch hier über das Papier gezogen werden können. Achten Sie darauf, dass Sie das Geschriebene nicht mit Ihrem Arm verwischen.

Das Testen der Feder
Tauchen Sie die Feder in die Schreibflüssigkeit ein, prüfen Sie, ob das Reservoir gefüllt ist und ziehen Sie dann mit der vollen Federbreite lange, gerade senkrechte Striche. Beobachten Sie, nach wie vielen Strichen die Feder leer ist (siehe S. 22, Die Feder schreibt nicht).

Die ersten Federstriche **19**

gleichmäßig, wenn Sie die Feder zu leicht gleiten lassen oder mit unsicherer Bewegung führen.

Ein guter Test für Ihre Feder wie auch für die Sicherheit Ihrer Hand sind lange, gerade Striche mit der vollen Federbreite. Wenn Sie dabei mit einer frisch gefüllten Feder beginnen, können Sie nicht nur eine sichere Strichführung üben, sondern zugleich feststellen, wie viel Schreibflüssigkeit das Reservoir Ihrer Feder fasst. Arbeiten Sie so lange, bis Sie mehrere tadellose dicke Linien ziehen können, ohne die Feder neu füllen zu müssen. Kontrollieren Sie die Strichränder; sind sie ausgefranst, haben Sie die Feder nicht mit der ganzen Breite auf das Papier gedrückt. Achten Sie in diesem Fall mehr auf Ihre Federführung.

Welche Federhaltung?

Das Schreiben mit einer breiten Feder lässt an den Buchstaben unterschiedliche Strichstärken entstehen. Ein charakteristisches Merkmal, das jede Schrift aufweist, sind genau die Stellen, an denen breite bzw.

Ausgefranste und scharf umrissene Ränder

Ausgefranste Ränder entstehen, wenn die Federkante links (**1**) oder rechts (**2**) mit zu wenig Druck über den Beschreibstoff geführt wird. Scharf umrissene Ränder (**3**) zeigen, dass mit gleichmäßigem Druck auf die Feder geschrieben wurde.

Schreibübungen mit der Feder

Das Experimentieren mit sich wiederholenden Formen hilft Ihnen, die Feder beherrschen zu lernen. Dabei können Sie außerdem einige Ideen für Zierleisten entwickeln. Die gezeigten Formen wurden alle mit einer Federhaltung (Federansatzwinkel) von 45° geschrieben.

1 Gerade Linien: Diagonalen erscheinen in voller, senkrechte und waagerechte Linien in schmalerer Strichstärke.
2 Rundungen: Sie sollen wie Mondsicheln aussehen – mit schmalem Ansatz beginnen, zu einer breiten Linie anschwellen und zum Ende hin wieder schmal werden.
3 Geschlossener Kreis: Verbinden Sie die beiden mondsichelförmigen Schreibbewegungen zu einem perfekten O.
4 Kombinierte Mondsicheln: Lassen Sie die Sichelformen ineinander greifen um eine dekorative Wirkung zu erzielen.
5 Übergang Rundung – Gerade: Beginnen Sie wie in Punkt (2) gezeigt und setzen Sie die Form mit einem senkrechten Strich fort, ohne dabei die Federhaltung zu ändern.
6 Senkrechte: Zeichnen Sie – ohne die Feder abzusetzen – eine einfache senkrechte Linie mit verfeinernden Serifen.
7 Zickzacklinie: Beginnen Sie mit einer einfachen Zickzacklinie und fügen Sie versetzt eine zweite ein.
8 Übergang Senkrechte – Rundung: Probieren Sie eng und breit laufende Versionen aus, halten sie jeweils gleichmäßige Abstände ein.
9 Zickzackformen und auf der Spitze stehende Vierecke: Ähnlich wie (7), doch Unterbrechung und Wiederholung der Form, die mit federbreiten Quadrat ergänzt wird.

Führen Sie nun die weiteren Formen ohne Beschreibung selbständig aus.

schmale Striche erscheinen. Bei einer Schriftart finden wir die schmalen Linien oben und unten, bei einer anderen oben links und unten rechts. Das Aussehen des Schriftbildes hängt davon ab, wie Sie die Feder im Verhältnis zur Schriftlinie halten. Es ist wichtig, das Beherrschen der Federhaltung zu üben, damit Sie sich stets bewusst sind, in welchem Winkel Sie die Feder ansetzen. Einen konstanten Ansatzwinkel beizubehalten kann schwieriger sein als es aussieht. Während Sie Ihre Hand bewegen um die Buchstabenform zu schreiben, kann sich unbeabsichtigt die Federhaltung ändern, besonders dann, wenn Sie beim Schreiben nur die Finger bewegen und nicht die Bewegung des Armes nutzen.

Das Üben der Federhaltung
Damit Sie den Schreibvorgang richtig spüren, fixieren Sie Ihre Finger, die den Federhalter fassen, im gewünschten Ansatzwinkel und nutzen lediglich die Bewegung des Armes um einen Buchstaben zu formen. Achten Sie darauf, wo sich die schmalen Linien befinden.

Schriftgröße und Federbreite
Beim Linieren des Schreibblattes werden die Zeilenabstände in Federbreiten festgelegt. Zu jedem Alphabet, das in diesem Buch vorgestellt wird, finden Sie ein Leitermuster; es zeigt die Höhe der Buchstaben in Federbreiten an.

Zum Beginn
Ziehen Sie senkrechte Striche (mit Serifen, wenn Sie können). Beginnen Sie dabei mit einem flachen Federansatzwinkel und gehen Sie nach und nach zur vertikalen Federhaltung über.

Schreiben Sie nun mit den nebenstehenden Ansatzwinkeln den Buchstaben t. Beachten Sie, wie sich der Buchstabencharakter aufgrund der Verteilung der Strichstärken ändert.

Federwinkel (von links): 0°, 15°, 30°, 45°, 60°, 90°.

Ansatzwinkel der Feder und Buchstabenformen
Sehen Sie sich die Muster der verschiedenen Stilrichtungen genau an; achten Sie darauf, wo sich die breitesten und die schmalsten Striche befinden. Vergleichen Sie die flache Federhaltung bei der Unziale mit dem spitzen Ansatzwinkel bei der Capitalis Rustica.

Unziale (1) – flacher Federwinkel.

Halbunziale – flacher Federwinkel.

Gotische Schrift – Ansatzwinkel 35–45°.

Unziale (2) – Ansatzwinkel 15–20°.

Karolingische Minuskel – Ansatzwinkel 30°.

Humanistische Kursive – Ansatzwinkel 45°.

Römische Capitalis – Ansatzwinkel 30°.

Foundational – Ansatzwinkel 30°.

Gotische Rotunda – Ansatzwinkel 30°.

Bâtarde – Ansatzwinkel 30°.

Capitalis Rustica – Ansatzwinkel 60–80°.

Die ersten Federstriche 21

Die „Leiter" besteht aus Quadraten, die mit der vollen Breite einer Feder gezeichnet werden. Wenn Sie Ihre eigene Leiter aus der gleichen Anzahl Quadrate aufbauen und das Schreibblatt entsprechend linieren, müssen sich ungeachtet der Größe der Schreibfeder bei Ihren Buchstaben die gleichen Strichstärkenmerkmale wie bei den Ausgangsformen ergeben.

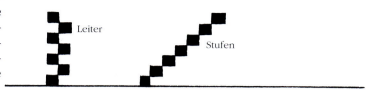

Federbreiten für die englische Schreibschrift

Die Federn für die englische Schreibschrift sind spitz; breite Striche entstehen, wenn Sie die Feder beim Schreiben stärker auf das Papier drücken. Wie unten zu sehen ist, muss die Feder auch anders gehalten werden.

Leitern und Stufen

Wenn Sie eine senkrecht stehende Leiter aus Federbreiten zeichnen, können Sie feststellen, ob die Quadrate sauber übereinander stehen oder einander überlappen. Setzen Sie dazu die Feder in eine der weißen Lücken und prüfen Sie, ob noch ein Stück freie Fläche zu sehen ist. Ist Ihnen die Leiter zu schwierig, zeichnen Sie stattdessen eine Treppe; die akkurate Lage der Quadrate muss hier aber besonders gründlich kontrolliert werden.

Leiter aus federbreiten Quadraten

1 Um ein Vielfaches der Federbreite präzise zu markieren, muss die volle Breite der Feder auf den Beschreibstoff aufgesetzt werden. Sie werden das vielleicht einige Male üben müssen um eine genaue Markierung zu erhalten. Zeichnen Sie mehrere Leitern, messen Sie deren Höhe aus und bilden Sie einen Durchschnittswert. Prüfen Sie die Quadrate auf Überlappungen und unerwünschte Lücken.

2 Messen Sie mit dem Lineal (rechts) oder mit dem Stechzirkel (unten) die Gesamtzahl der Federbreiten, die Sie für die zu schreibende Schriftart brauchen.

Das Arbeiten mit der Feder für englische Schreibschrift

Eine Feder für englische Schreibschrift zu halten ist etwas ganz anderes, denn diese Feder hat keine beschnittene Kante, sondern läuft vorn spitz zu. Starke Striche werden allein durch Druck auf die Feder erzielt. Die Feder muss direkt in einer Linie mit der Neigung der Schrift gehalten werden.

Englische Schreibschrift für Linkshänder

Die englische Schreibschrift verlangt eine Federhaltung, die für einen Linkshänder bequemer sein mag, da die Feder hier überhaupt nicht gedreht wird.

Die abgewinkelte Feder

Die abgewinkelte Feder soll Rechtshändern helfen, die Schreibfeder weiter nach rechts zu drehen. Fassen Sie den Federhalter so, dass sein Ende ungefähr auf Ihre Brust zeigt.

Häufig auftretende Probleme

Um klare, deutliche breite und schmale Striche herzustellen, die eine gute kalligraphische Arbeit auszeichnen, müssen Sie Feder, Tusche und Papier besorgen, die aufeinander abgestimmt sind, und regelmäßig Schreibübungen durchführen um Ihre Hand und Ihre Augen an die wiederholten regelmäßigen Bewegungen zu gewöhnen.

Die meisten Federn sind zwar für das Schreiben mit verschiedenen Tuschen und Farben und auf einer Vielzahl von Papiersorten verwendbar, doch Sie werden vielleicht trotzdem auf einige allgemeine Schwierigkeiten stoßen.

Die Feder schreibt nicht
• Auf der Feder können sich noch Spuren von Maschinenöl aus dem Herstellerbetrieb befinden, die die Schreibflüssigkeit abweisen, oder die Feder kann, wenn sie empfindlich gegen Rost ist, einen Schutzüberzug haben. Waschen Sie sie in heißem Seifenwasser aus und machen Sie einen neuen Schreibversuch.
• Die Tusche fließt nicht, wenn das aufschiebbare Reservoir zu eng ist. Biegen Sie die seitlichen Flügel vorsichtig nach außen und schieben Sie das Reservoir wieder auf die Feder.
• Aus dem Reservoir gelangt keine Tusche in den Federschlitz. Verschieben Sie die Spitze des Reservoirs so weit, dass sie direkten Kontakt mit der Federunterseite hat.

Die Feder rutscht über das Papier
• Die Oberfläche ist zu glatt, zu blank oder zu fettig, so dass die Feder nicht genügend Halt findet. Nehmen Sie anderes Papier oder reiben Sie die Oberfläche mit Sandarak (siehe S. 12, Materialien) ab.
• Die Feder ist stumpf.

Federstriche mit zu viel Tusche
• Die Tusche kann zu dick sein. Verdünnen Sie sie oder nehmen Sie andere. Prüfen Sie, ob die Tusche wasserfest ist; versuchen Sie dazu einen trockenen Fleck wegzuwischen. Wasserfeste Tuschen sind oft dickflüssig.
• Vielleicht muss das Reservoir nachgestellt werden, damit es weniger Schreibflüssigkeit abgibt.
• Die Feder gibt möglicherweise zu viel Tusche ab, weil Sie zu flach schreiben. Richten Sie Ihr Schreibblatt so aus, dass Sie mit einer Neigung von etwa 45° schreiben.
• An der Feder kann zu viel Tusche haften. Schütteln oder wischen Sie die überschüssige Schreibflüssigkeit nach jedem Eintauchen ab.
• Die Feder kann stumpf sein.

Tusche läuft auf dem Papier aus
• Das Papier ist nicht genügend geleimt. Wechseln Sie es aus oder bestäuben Sie es mit Sandarak.
• Die Tusche kann Chemikalien enthalten, die das Verstopfen der Feder verhindern sollen. Probieren Sie es mit anderer Tusche.

Das Auswaschen der Feder

Wenn die Tusche Blasen bildet und nicht am Federschlitz nach unten fließt, waschen Sie die Feder in heißem Seifenwasser aus um Maschinenölreste oder den Schutzüberzug zu entfernen.

Das Einstellen des Reservoirs

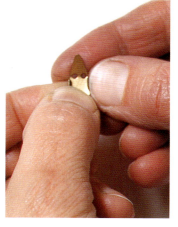

1 Liegt das Reservoir zu dicht auf, ziehen Sie die beiden seitlichen Flügel leicht auseinander. Das Reservoir besteht aus Messing und bricht daher nicht.

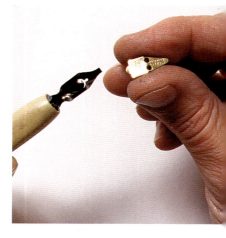

2 Halten Sie das Reservoir an den Flügeln und schieben Sie es wieder auf die Feder.

Häufig auftredende Probleme **23**

5 Die Spitze des Reservoirs ist nun absichtlich zu weit über die Feder hinaus gebogen.

6 Ziehen Sie das Reservoir nach unten auf die Feder, wird dessen Spitze gegen die Unterseite der Feder gedrückt. Über den Berührungspunkt fließt dann die Schreibflüssigkeit in den Federschlitz. Gibt die Feder zu viel Tusche ab, ziehen Sie das Reservoir weiter herunter.

3 Das Reservoir muss sich locker und ohne Kraftaufwand auf die Feder schieben und wieder abziehen lassen, es darf jedoch nicht so lose sitzen, dass es abfallen kann.

4 Nehmen Sie das Reservoir wieder ab und prüfen sie das spitze Ende, das sich beim Auseinanderziehen der seitlichen Flügel eventuell verbogen hat. Biegen Sie die Spitze nach innen.

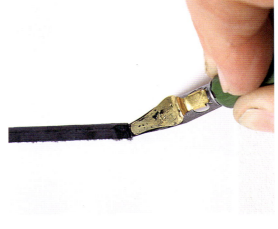

Neue Feder

Einstäuben des Papiers
Pulverisierter Sandarak, der mit einem kleinen Beutel aus durchlässigem Material auf das Papier gestäubt wird, macht die Oberfläche weniger durchlässig für die Tusche. Eine zu glatte Oberfläche des Schreibpapiers wird leicht aufgeraut, wenn man das Pulver nicht nur aufstäubt, sondern auf das Papier reibt.

Zu starker Tuschefluss
Das Eintauchen der Feder in die Tusche ist oftmals mit unschöner Kleckserei verbunden. Streifen Sie die Federkante stets am Rand des Tuscheglases ab oder füllen Sie die Feder mit Hilfe eines spitzen Pinsels.

Verlaufende Tusche
Es gibt Papiersorten, die für manche Tuschen zu saugfähig sind. In diesen Fällen verläuft die Tusche auf dem Papier und lässt unscharfe Ränder entstehen.

Alte Federn
Ein Vergleich der Abbildungen zeigt, dass sich Schreibfedern abnutzen. Schreibt man mit einer alten Feder, erscheinen die Konturen unklar und unscharf.

Alte Feder

24 Zum Beginn

Die Merkmale der Buchstaben

Um schöne kalligraphische Arbeiten schaffen zu können, müssen Sie zunächst Ihre Augen gebrauchen. Achten Sie darauf, wie die Buchstaben jedes beliebigen Alphabets als eine Reihe stilistisch zusammenpassender Zeichen gestaltet sind. Das mag, sofern es die Buchstabenstärke und den Stil der Abschlüsse am Kopf und am Fuß der Buchstaben betrifft, einleuchten. Um die wichtigen Details zu erkennen, müssen Sie genauer hinsehen. Sehen Sie sich beispielsweise an, wie die unterschiedlichen Breiten der Buchstaben im Verhältnis zueinander stehen, wie die Großbuchstaben im Großen und Ganzen geometrischen Prinzipien entsprechen und wie der Gesamtcharakter der Kleinbuchstaben von deren Bogenstrukturen abhängt.

Großbuchstaben

Großbuchstaben wurden erstmals vor 2000 Jahren von den Römern gestaltet. Ihre Formen beruhen auf einem Kreis, der sich in einem Quadrat befindet. Das wichtigste Prinzip sind die relativen Buchstabenbreiten. Es ist vielleicht ganz nützlich, sich die Breiten einzuprägen oder zumindest die Buchstaben nach der Breite geordnet in Gruppen aufzuschreiben um die Unterschiede zu erkennen.

Serifen

Ein Merkmal, das den Charakter jedes Alphabets beeinflusst, ist die Art der Serifen – der Abschlüsse am Anfang und am Ende jedes Striches. Das sind meist Haken, die als Teil des Federstriches geschrieben werden, oder schmale oder starke Linien, die man als gesonderte Striche anfügt. Wichtig bei Ihrem Studium der Schriften ist das Erkennen, welche Art des Abschlusses in einem bestimmten Beispiel benutzt worden ist, und die richtige Verwendung bei den eigenen Schreibübungen.

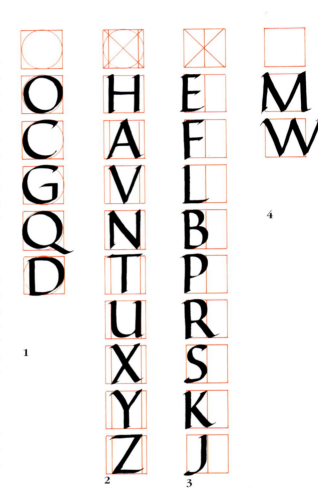

Die Buchstabenbreiten
Die römische Capitalis weist bestimmte Breitenverhältnisse auf.

1 Runde Form – die Rundungen von C, G und D folgen der Kreisform.
2 Breite Form – reicht über annähernd 4/5 des Quadrats.
3 Halbbreite Form – einige Buchstaben gehen über die Grundlinie hinaus.
4 Das M bricht aus dem Quadrat aus, das W ist deutlich breiter.

Das Prüfen der Breite
Die Breite der Buchstaben lässt sich u. a. mit einem Stück Papier überprüfen, auf dessen Rand die Breitenmaße markiert sind. Halten Sie das Papier an die fertigen Buchstaben um eine Vorstellung vom Gelingen Ihrer Arbeit zu bekommen. Diese Methode ist auf Dauer hilfreicher als das Schreiben auf Millimeterpapier, da Sie sich vielleicht an die vorgegebenen Linien gewöhnen und somit kein Augenmaß entwickeln.

Zwischenräume
Oben: Größter Zwischenraum zwischen zwei Senkrechten, kleinster zwischen zwei runden Formen.
Mitte: Zwischenräume schaffen eine optisch ausgewogene Struktur.
Unten: Zu eng stehende Buchstaben lassen stark verdichtete und lockere Bereiche entstehen.

Die Merkmale der Buchstaben 25

Kleinbuchstaben

Die Kleinbuchstaben richten sich zwar nach regelmäßigen Formen, doch in den meisten Alphabeten gibt es davon mehr mit Rundungen und Bögen als es bei den Großbuchstaben der Fall ist, und sie haben fast alle die gleiche Breite. Sie unterscheiden sich von den Versalien auch in einem weiteren Punkt, denn manche Kleinbuchstaben reichen bis über oder unter die „normalen" Schriftlinien. Man nennt sie daher Buchstaben mit Oberlänge bzw. mit Unterlänge. Diese Ober- und Unterlängen sind charakteristisch für die Formen der Kleinbuchstaben und lassen diese anders als die Großbuchstaben aussehen.

Das Alphabet als stilistische Einheit

Die Kleinbuchstaben eines Alphabets sind eine Gruppe stilistisch miteinander harmonierender Zeichen. Sie basieren auf der Form und der Schräge des o und des i. Im Fall der Foundational sind es ein rundes o und ein aufrecht stehendes i. Schauen Sie sich einige der Kleinbuchstabenalphabete an, die in Abschnitt 2 (siehe S. 28) vorgestellt werden, und beachten Sie dabei, wie sich jeder einzelne Buchstabe in das Ganze einfügt. In Kursivalphabeten beispielsweise sind ovale, geneigte o-Formen und gerade Buchstaben üblich, und dazu passend haben alle anderen Buchstaben eine schmale, geneigte Form.

Bögen und Rundungen

Ein weiteres wichtiges Merkmal aller Kleinbuchstabenalphabete ist die Art und Weise, in der die Bögen geformt sind. Bei einem Alphabet aus gerade stehenden, gerundeten Buchstaben werden die Bögen sehr weit oben und mit einem gesonderten Federstrich angesetzt. Ein kursiver Bogen hingegen wird ganz anders geschrieben; die Feder wird nach dem vorangegangenen Abstrich meist nicht abgesetzt, sondern lässt den Bogen wie einen Zweig aus dem ersten Strich herauswachsen.

Zwischenräume

Achten Sie wie bei den Großbuchstaben auch hier auf eine optische Ausgewogenheit zwischen den Buchstaben und in den Buchstaben selbst. Manche Kleinbuchstaben können optisch ungünstige Verbindungen bilden; sie müssen zum Ausgleichen der Zwischenräume gegebenenfalls eng zusammengerückt werden. Drehen Sie Ihr Schreibblatt so, dass die Schrift auf dem Kopf steht. So fällt es Ihnen leichter, übermäßig breite Leerräume und zu dichte Stellen ausfindig zu machen.

Die Kleinbuchstaben der Foundational

Die Kleinbuchstaben (Minuskeln) folgen der Kontur des o, was selbst am Fuß des t, des l und des j zu erkennen ist, und die diagonalen Linien richten sich nach dessen Breite.

Bögen

Vergleichen Sie zwischen Foundational und Kursive. Bei der Kursive (rechts) schreibt man den Bogen, ohne die Feder abzusetzen, bei der Foundational (rechts außen) wird er weit oben angesetzt.

Serifen bei Kleinbuchstaben

Von links nach rechts: Gerundete Serifen ergänzen die gerundete Buchstabenform; nicht gerundete Serifen wirken eher formell; runde Serifen und flache Buchstabenfüße erzeugen eine statische, formelle Wirkung.

Ligaturen

Unschöne, schwierige Buchstabenkombinationen kann man mit einem gemeinsamen Querstrich verbinden oder zusammenziehen um das Problem der Leerräume möglichst gering zu halten.

Zwischenräume

Streben Sie wie bei den Großbuchstaben eine gleichmäßige Dichte an. *Oben:* Durch richtige Zwischenräume optisch ausgewogen. *Unten:* Ungleichmäßiges Erscheinungsbild.

Schriften-katalog

- Arbeit mit dem Schriften-katalog 28
- Römische Capitalis 30
- Unziale 34
- Halbunziale 38
- Versalschrift 42
- Karolingische Minuskel 46
- Foundational 50
- Gotik 54
- Bâtarde 58
- Humanistische Kursive 62
- Englische Schreibschrift 69

Arbeit mit dem Schriftenkatalog

Die folgenden Alphabete bieten eine große stilistische Auswahl. Sie werden bereits beim Durchblättern der Seiten feststellen, dass es für nahezu jede Gelegenheit ein Alphabet gibt. Einige sind etwas schwieriger zu meistern und erfordern daher Geschick und Erfahrung im Umgang mit der Schreibfeder.

Nach der Federbreitenregel

Ein Alphabet, unterschiedliche Federbreiten: Das Vergrößern oder Verkleinern der Schrift gelingt ohne Schwierigkeiten, solange Sie sich streng an die jeweils vorgegebene Zahl der Federbreiten halten.

Die Buchstaben des Alphabets in seiner Grundform sind mit Richtungspfeilen versehen, die Ihnen am Anfang helfen sollen. Darüber hinaus wird alles erläutert, was Sie dazu wissen müssen. Die Alphabete sind hier in der Reihenfolge ihrer Entstehung geordnet.

Abwandlungen

Die abgewandelten Formen sind aus Platzgründen kleiner dargestellt. Sie sollten sie jedoch zunächst mit derselben Feder schreiben lernen wie das Grundalphabet. Auf die Richtungspfeile wurde verzichtet, da Sie diese Hilfestellung eigentlich nicht mehr brauchen, wenn Sie mit dem Schreiben der Grundversion vertraut sind. (Erst wenn Sie diese beherrschen, können Sie die Abwandlungen ausprobieren.)

Der Schriftenkatalog ist in zehn Abschnitte gegliedert. Jedem Abschnitt ist ein kalligraphisches Design zur jeweils vorgestellten Schriftart vorangestellt.

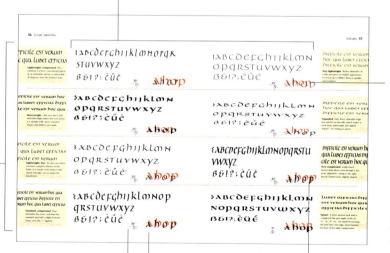

Sehen Sie sich die übereinander geschriebenen Formen der Buchstabenfolge AHOP bzw. ahop genau an. Diese Darstellung soll Ihnen beim Vergleichen der abgewandelten Form mit der Grundform des Alphabets helfen.

Bei der Zeichenfolge ahop treten ein Buchstabe mit Oberlänge und einer mit Unterlänge, ein Buchstabe mit einer Bogenlinie und das o auf, das Breite und Form der übrigen Buchstaben bestimmt. Bei den Großbuchstaben zeigt die Abfolge AHOP eine Auswahl breiter Buchstaben, darunter auch das wichtige O, sowie Diagonalen, Rundungen, Gerade und einen Querstrich.

Jede Abwandlung vermittelt Ihnen anhand einer Textprobe eine Vorstellung davon, wie die Buchstaben im Schriftblock wirken. In der dazugehörigen Bildunterschrift wird auf wichtige Punkte hingewiesen.

Zu jeder Schriftvariante finden Sie eine kleine graphische Darstellung der Federhaltung und eine oder mehrere Angaben zum Federansatzwinkel.

Sind Grundform und Abwandlung einander sehr ähnlich, werden Sie keinen großen Unterschied zwischen den roten und den schwarzen Buchstaben feststellen.

Weichen Grundform und Abwandlung stark voneinander ab, besteht ein großer Unterschied in der Breite der beiden Alphabete.

Beginnen Sie mit einem elementaren Stil; wir empfehlen hierzu die Foundational. Manche angehende Kalligraphen ziehen es allerdings vor, den Anfang mit der Humanistischen Kursive zu machen, wenn diese Schrift ihrer normalen Handschrift näher kommt.

Suchen Sie sich eines der mit Richtungspfeilen versehenen Grundalphabete aus und studieren Sie es sorgfältig. Lesen Sie die Anweisungen und nehmen Sie alle erwähnten besonderen Merkmale zur Kenntnis, insbesondere die Hinweise auf die Anzahl der Federbreiten und auf den Federansatzwinkel. Weitere Eigenschaften einer Schrift, auf die Sie achten müssen, sind:

Stehen die Buchstaben aufrecht oder sind sie geneigt?

Sind die Buchstaben rund oder oval oder stehen sie eng zusammengedrängt?

Wie weit reichen Ober- und Unterlängen über bzw. unter die Schriftzeile?

Werden die Bögen der Kleinbuchstaben weit oben oder unten angesetzt?

Wie sehen die Serifen aus?

Schreiben Sie das Alphabet genau ab – mit der richtigen Buchstabenhöhe und der richtigen Federhaltung. Folgen Sie dabei stets den Richtungspfeilen. Beginnen Sie nach drei oder vier Schreibproben mit dem nächsten Buchstaben; halten Sie sich nicht zu lange mit einem Buchstaben auf, denn das Ergebnis wird wahrscheinlich nicht besser, sondern schlechter.

Sind Sie mit der Linienführung der Buchstaben des ausgewählten Alphabets vertraut, dann schreiben Sie Wörter und Sätze um schwierige Buchstabenkombinationen ausfindig zu machen. Wenn Sie das Schreiben des Alphabets in der vorgegebenen Größe sicher beherrschen, versuchen Sie es mit kleineren Federn. Achten Sie beim Schreiben wieder genau auf die Federbreiten.

Üben können Sie nie genug! Beherrschen Sie erst einmal die Buchstabenformen, dann sind Übungen die beste Methode sich einen guten Schreibrhythmus anzueignen. Schreiben Sie ein und dieselbe Verbindung immer wieder oder nehmen Sie sich eine Buchstabenfolge wie beispielsweise anbncndn oder ein bekanntes langes Zitat vor. Je mehr Sie schreiben, desto sicherer und gleichmäßiger wird Ihre Schrift werden.

Das Aussuchen eines Alphabets nach Ihren Wünschen wird Ihnen sicher Spaß bereiten. Haben Sie sich entschieden, nehmen Sie sich die Zeit, die Feinheiten der Buchstaben zu studieren, üben Sie häufig und mit kritischem Blick, bis Ihre Abschrift wie die Vorlage aussieht. Sie können unter hundert Schriftformen wählen; hüten Sie sich jedoch zu hastig vorzugehen und dabei durcheinander zu kommen. Hier haben Sie eine Lebensaufgabe vor sich!

Die Schriftlinien

Die hier vorgestellten Alphabete zeigen an, wie viele Federbreiten Abstand beim Linieren des Schreibblattes zu berücksichtigen sind. Wollen Sie mehr als eine Zeile schreiben, müssen Sie wissen, wie weit eine Doppellinie von der nächsten entfernt sein muss. Die folgende Darstellung zeigt Ihnen, wie Sie die Abstände zwischen den Schriftlinien festlegen.

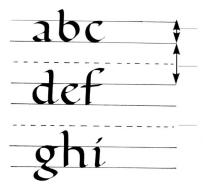

— x-Höhe der Kleinbuchstaben

— Lassen Sie einen Abstand von zweimal x.

— Werden vorwiegend Kleinbuchstaben geschrieben, schätzen Sie die Höhe der Großbuchstaben nach Augenmaß ab.

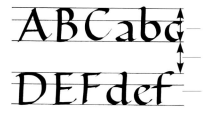

— X-Höhe der Großbuchstaben

— Zwischen den Linien für die Großbuchstaben bleibt ein einfacher Abstand.

— Fügen Sie eine weitere Linie ein, wenn die Schriftzeile auch Kleinbuchstaben enthalten soll.

Xx **Anbncndne**
Xx **nfnGnhninj**
Xx **knlmnoPnq**
Xx **Rnsntnunv**

Die Zeilenabstände

Standardabstand: Für Texte, die außer einigen Versalien nur Kleinbuchstaben (Minuskeln) aufweisen.

x **Anbncndnen**
x **fngnHninjnk**
x **nlnmnonpN**
x **Qnrnsntnuv**

Verringerter Zeilenabstand (eine x-Höhe): Ergibt eine optisch dichte Textstruktur.

x **Bncndnenfngn**
x **hninjnKnlnmo**
x **PnqnrnsntnunV**

Vergrößerter Zeilenabstand: Lockert das Schriftbild optisch auf. Vorsicht, es kann der Eindruck entstehen, dass die Textzeilen davon gleiten.

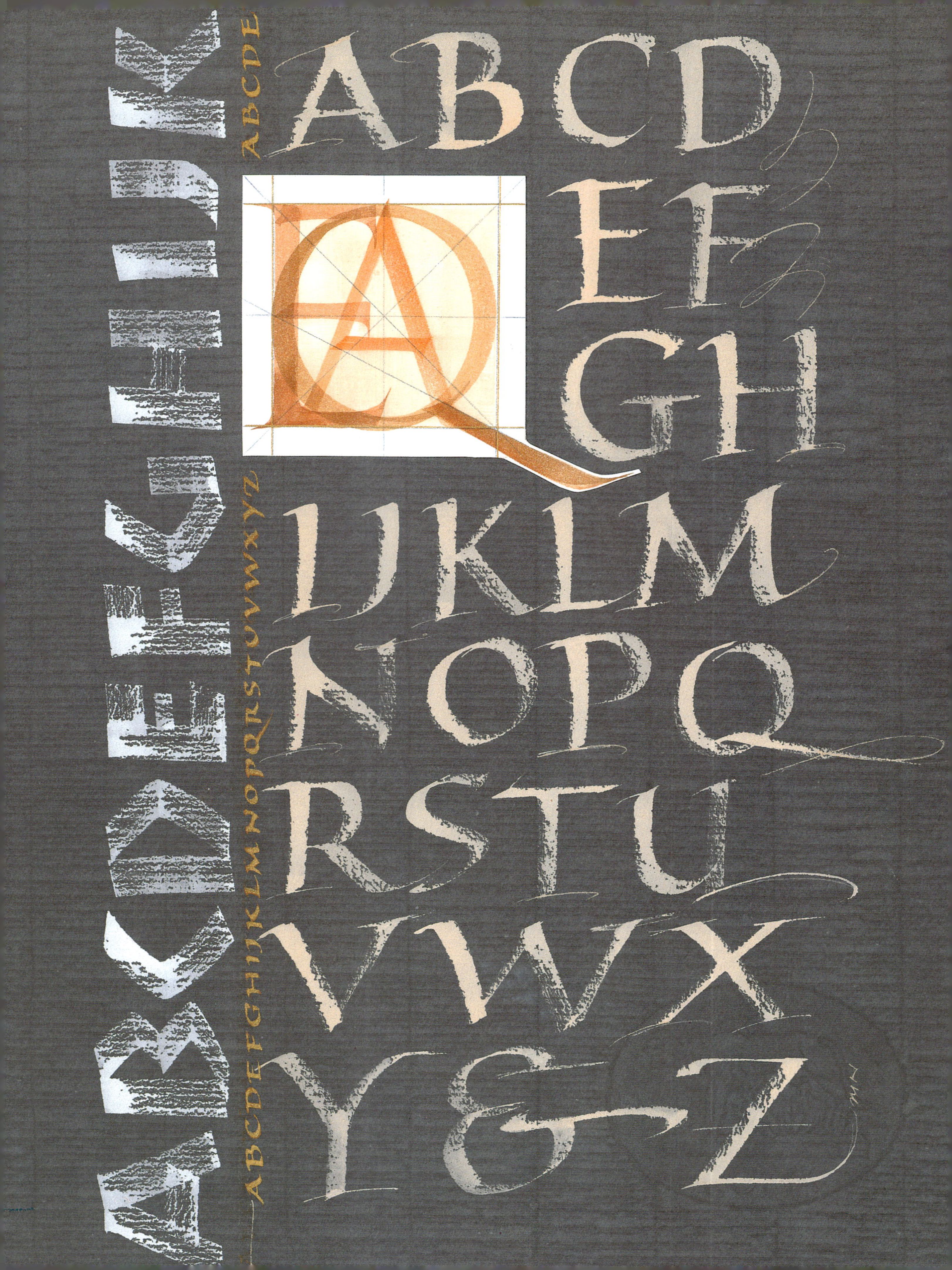
ABCD
EF
GH
IJKLM
NOPQ
RSTU
VWX
Y&Z
ABCDEFGHIJK
ABCDE
ABCDEFGHIJKLMNOPQRSTUVWXYZ

Römische Capitalis

Die Römischen Capitalis besitzt eine geometrische Struktur, die vor allem auf Quadraten und Kreisen beruht. Halten Sie die Feder, auf die Horizontale bezogen, im Winkel von 30°. Bei richtiger Federhaltung muss der waagerechte Strich des T schmaler sein als der senkrechte Schaft, und die schmalsten Stellen des O müssen, verglichen mit der Stellung des kleinen Uhrzeigers, bei 11.00 Uhr und bei 5.00 Uhr liegen. Setzen Sie die Feder beim Z flacher an, damit die Diagonale stärker erscheint, und halten Sie sie steiler um den Strich für die erste Vertikale des M sowie die erste und zweite Vertikale des N schmaler werden zu lassen. Die Römische Capitalis ist über 2000 Jahre hinweg relativ unverändert geblieben; sie ist, allein oder mit anderen Handschriften kombiniert, noch immer eine perfekte Form für Titel, Überschriften und Zeichen, die hervorgehoben werden sollen.

Links: Hier wurden genau proportionierte Buchstaben der Römischen Capitalis übereinander geschrieben um die geometrischen Verhältnisse zu demonstrieren. Sie bilden einen Kontrast zu den drei freier gestalteten, auf strukturiertem Papier geschriebenen Alphabeten. Beachten Sie den optischen Unterschied zwischen den fast gleichmäßig starken Buchstaben, dem Alphabet, dessen Zeichen ähnlich groß sind, aber eine eher standardmäßige Stärke aufweisen, und den im verkleinerten Maßstab geschriebenen Buchstaben.

Römische Capitalis

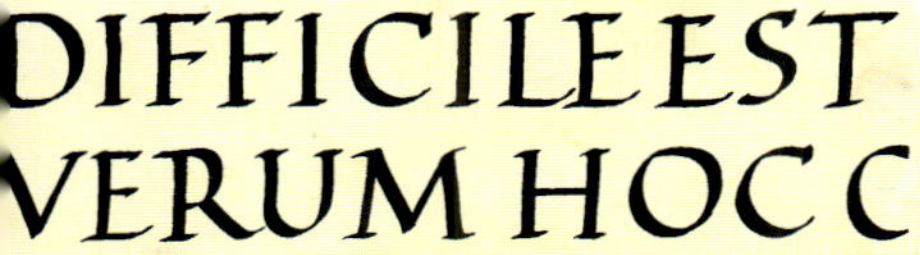

DIFFICILE EST VERUM HOC C

Renaissance Leichtere, acht Federbreiten hohe Version mit schmalen Serifen und einem Anklang an den Renaissancestil – beachten Sie die Bildung des Y und die oberen Serifen bei B, F und R.

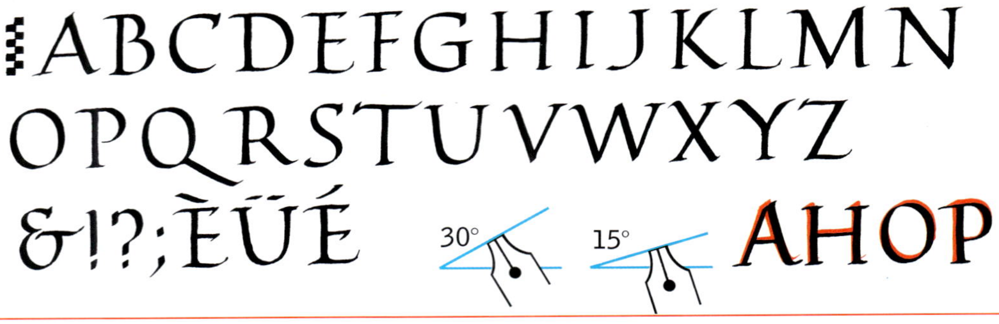

ABCDEFGHIJKLMN
OPQRSTUVWXYZ
&!?;ÈÜÉ   30° 15°   AHOP

DIFFICILE EST, VERUM HOC

Fett Freier gestaltet und mit nur fünf Federbreiten Höhe geschrieben. Achten Sie darauf, dass Sie bei dem Versuch, die Formen aufzulockern, nicht die schöne Schriftgestaltung opfern.

ABCDEFGHIJKLMN
OPQRSTUVWXYZ
&!?;ÈÜÉ   30°   AHOP

DIFFICILE

Geneigt (Standard) Sieben Federbreiten hohe, in diesem Fall nach vorn geneigte Version; nicht mit einer Kursivschrift zu verwechseln, die in ihrer Breite gedrängter erscheinen würde.

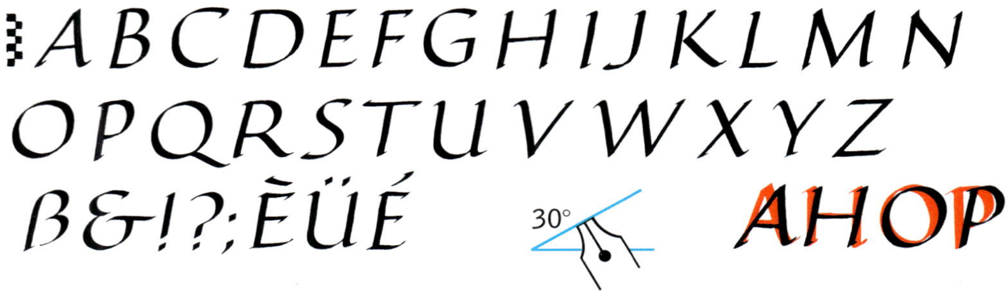

ABCDEFGHIJKLMN
OPQRSTUVWXYZ
ß&!?;ÈÜÉ   30°   AHOP

DIFFICILE EST, VERUM HO

Fett, klobig Fünf Federbreiten hoch, mit starken Serifen. Die Serifen an den Enden z. B. von C und E entstehen, wenn Sie die Feder im Winkel von 30° ansetzen und nach unten ziehen.

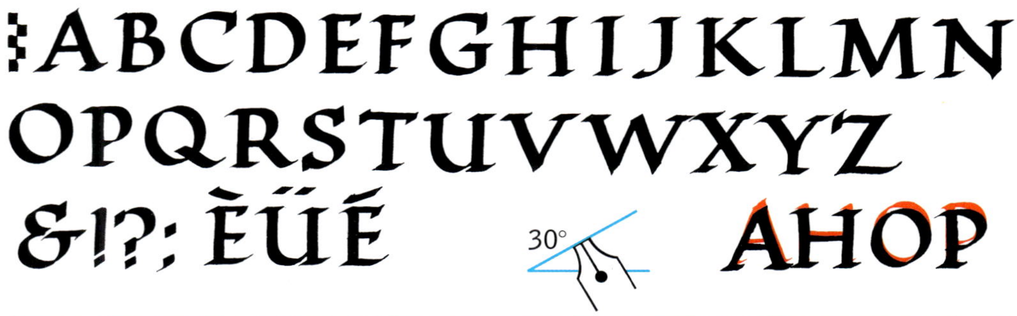

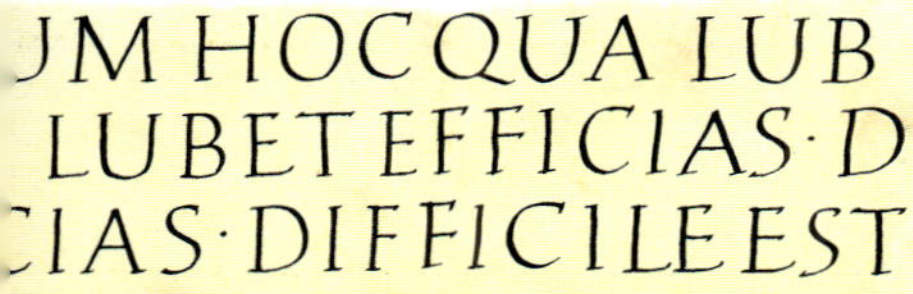

ABCDEFGHIJKLMN
OPQRSTUVWXYZ
&!?; ÈÜÉ   30°   AHOP

JM HOC QUA LUB LUBET EFFICIAS·D CIAS·DIFFICILE EST

Mager Dieser leichte, schmale Stil verrät jedes Zögern in der Schreibbewegung. Benutzen Sie eine kleine Feder und achten Sie auf harmonische Verbindungen zwischen den Federstrichen.

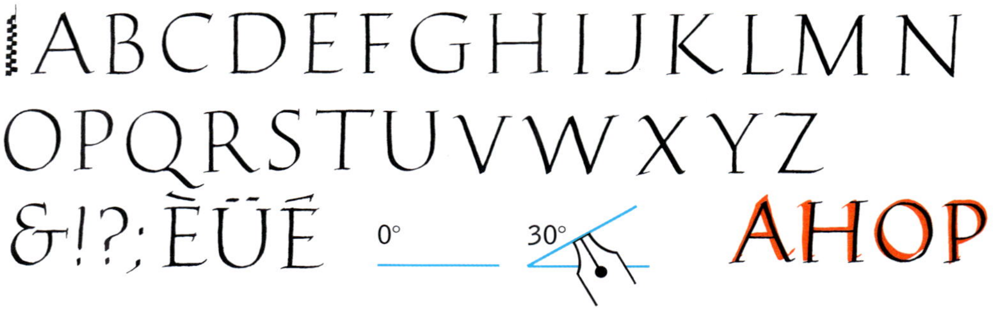

ABCDEFGHIJKLMN
OPQRSTUVWXYZ
&!?;ÈÜÉ   0°   30°   AHOP

Römische Capitalis **33**

ABCDEFGHIJKLMN
OPQRSTUVWXYZ
ß&!?;ÈÜÉ   30°   AHOP

DIFFICILE EST

Grotesk Schrift ohne Serifen, doch mit einer Standardhöhe von sieben Federbreiten. Anstatt Serifen anzufügen, beginnen und beenden Sie jeden Strich mit einem leichtem Druck auf die Feder.

ABCDEFGHIJKLMNOPQRST
VVWXYZ&!?;ÈÜÉ   70°   AHOP

DIFFICILE EST, VERUM
RUM HOC QUALVBET

Rustica Schriftstil mit charakteristischen starken Horizontalen und schmalen Vertikalen. Sämtliche Horizontalen fallen nach unten ab, und die Füße sehen wie auf Zehenspitzen stehend aus.

ABCDEFGHIJKLMN
OPQRSTUVWXYZ
ß&?!;ÉÜÈ   30°   AHOPP

DIFFICILE EST
VERUM HOC

Wechselnder Federdruck Version, der Sie nur mit etwas Erfahrung gerecht werden, denn ihre Schönheit steckt in den Feinheiten. Verstärken Sie den Federdruck am Anfang und am Ende der Striche.

ABCDEFGHIJKLMN
OPQRSTUVWXYZ
&!?;ÈÜÉ   0° 90°   AHOP

DIFFICILE EST, V
RUM HOC QUA

Neuland Schwerer Schriftstil mit ausschließlich starken Federstrichen. Um schmale Striche zu vermeiden, darf die Feder nur in der Vertikalen und Horizontalen gehalten werden.

ABCDEFGHIJKLM
NOPQRSTUVWXYZ
ß&!?;ÈÜÉ   10°   30°   AHOPP

DIFFICILE
EST, VERUM

Geschwungen Neun Federbreiten Höhe verleihen diesem Stil die Leichtigkeit, die den fließenden Verlängerungen angemessen ist. Führen Sie die Schwünge als Teil des Buchstabens aus.

Unziale

Dieser Stil wurde aus den römischen Großbuchstaben entwickelt, verlangt jedoch eine flachere Federhaltung. Die Schrift ist nur vier Federbreiten hoch. Sie ist robust und rund und weist einige griechisch anmutende Buchstaben wie das A und das M auf. Setzen Sie die Feder in einem Winkel von etwa 25° an und geben Sie Obacht, dass Sie alle Buchstaben breit genug schreiben. Beachten Sie, dass sich die Strichfolge beim A von dem römischen Buchstaben unterscheidet. Das zeigt, wie sich das Schriftzeichen durch hohe Schreibgeschwindigkeit zu einer Form entwickelt hat, die bereits den späteren Kleinbuchstaben (vergleichen Sie mit dem a der karolingischen Minuskel) voraussahnen lässt. Die Unziale entstand im 4. Jahrhundert und blieb bis ins 8. Jahrhundert eine bedeutende Buchschrift. Vom 7. bis 9. Jahrhundert kamen kompliziertere Versionen der Schrift auf, die mit einem flacheren Federansatzwinkel geschrieben wurden und Änderungen der Federhaltung verlangten (siehe Abwandlung).
Verwenden Sie diese winklige Version für moderne und historische Arbeiten, bei denen eine weniger formelle Wirkung erzielt werden soll.

Links: Eine englische Schreibfeder und eine Reißfeder sorgen bei diesem lebhaft wirkenden Entwurf für Kontraste. Der farbige Hintergrund wurde mit plaka überzogen und nach dem Trocknen mit Gouache-Farben beschrieben. Zum Schluss wurde Blattgold auf Ammoniakharz aufgetragen.
Kalligraphie von Gaynor Goffe.

36 Schriftenkatalog

ficile est verum
qua lubet efficias

Mager, komprimiert Freiere ovale Interpretation von sechs Federbreiten Höhe, mit einem Federansatzwinkel von 30° geschrieben. Beachten Sie die Neigung der Buchstaben nach der rechten Seite.

abcdefghijklmnopqr
stuvwxyz
ß&!?:èüé

---

ficile est verum hoc
lubet efficias diffi
e est verum hoc qua

Fett Version mit einer Höhe von nur zweieinhalb Federbreiten, die das Schriftbild sehr dicht macht. Die aufrechten, offenen gerundeten Formen entstehen durch eine flache Federhaltung.

abcdefghijklmn
opqrstuvwxyz
ß&!?;èüé

25° ahop

---

ficile est verum
qua lubet efficias
ficile est verum

Mager, frei gestaltet Schnell geschriebene Version, die Sie erst probieren sollten, wenn Sie ganz flüssig schreiben können. Achten Sie darauf, dass die Buchstabenformen erhalten bleiben.

abcdefghijklmn
opqrstuvwxyz
ß&!?;èüé

 ahop

---

ficile est verum hoc qua
bet efficias difficile est
rum hoc qua lubet efficias

Standard, komprimiert Vier Federbreiten hohe Version, deren Buchstaben eine ausgeprägtere ovale Form als die Standardschrift haben und leicht nach vorn geneigt sind. Beachten Sie die Ligatur des e.

abcdefghijklmnop
qrstuvwxyz
ß&!?;èüé

30° ahop

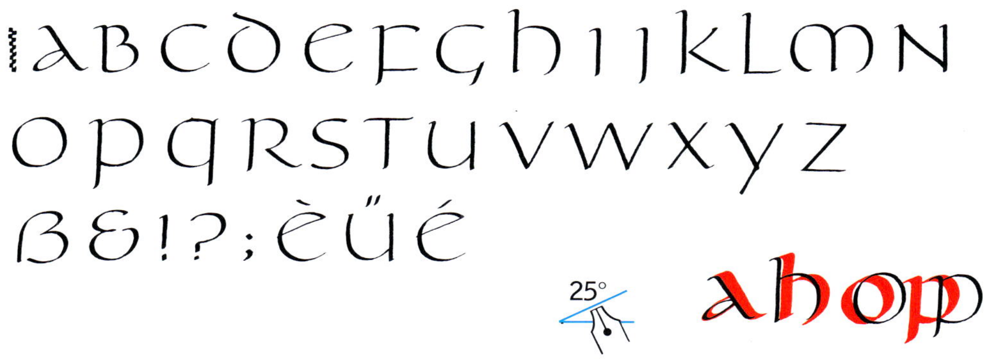

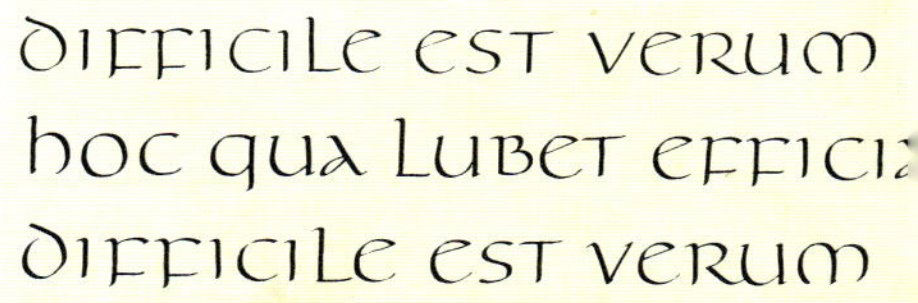

Unziale **37**

ɿABCDEFGhIJKLmN
OPQRSTUVWXYZ
ß&!?;èűé

DIFFICILE EST VERUM
hOC QUA LUBET EFFICI
DIFFICILE EST VERUM

Sehr mager Zwölf Federbreiten hohe, mit dünner Feder geschriebene Version. Versuchen Sie die Feder sicher zu führen und behalten Sie die aufrechten und gerundeten Formen der Buchstaben bei.

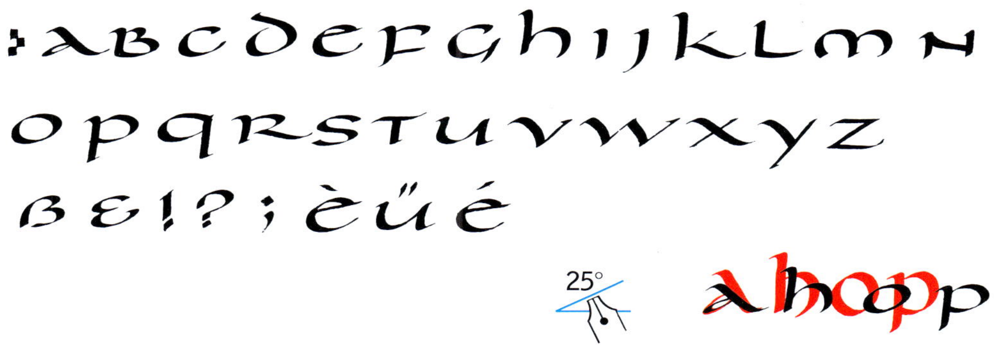

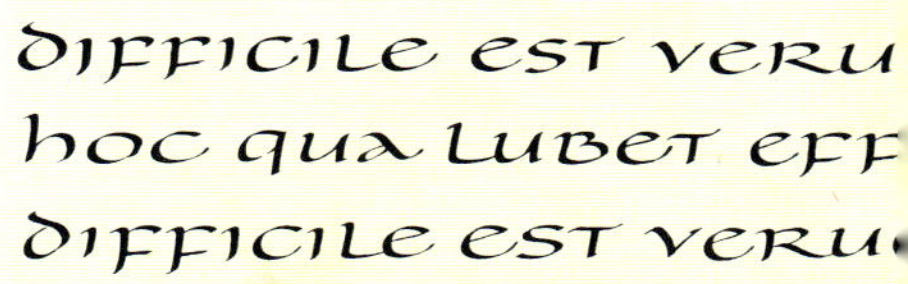

ɿABCDEFGhIJKLmN
OPQRSTUVWXYZ
ß&!?;èűé

DIFFICILE EST VERU
hOC QUA LUBET EFF
DIFFICILE EST VERU

Splendid Nur drei Federbreiten hohe Version, deren seitliche Ausdehnung die Buchstaben leichter und etwas geneigt aussehen lässt. Versuchen Sie schnell zu schreiben.

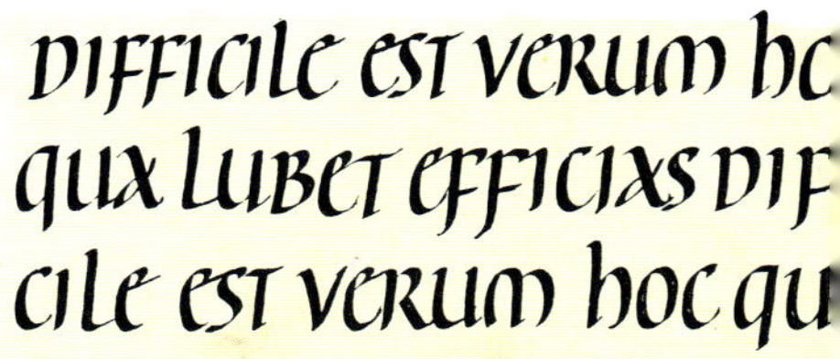

ɿABCDEFGhIJKLMNOPQRSTU
VWXYZ
ß&!?;èűé

DIFFICILE EST VERUM hO
QUA LUBET EFFICIAS DIF
CILE EST VERUM hOC QU

Stark komprimiert Leicht geneigte Version, die trotz einer größeren Anzahl Federbreiten viel dichter als die obige Form aussieht. Die Wirkung entsteht durch starkes seitliches Zusammendrängen.

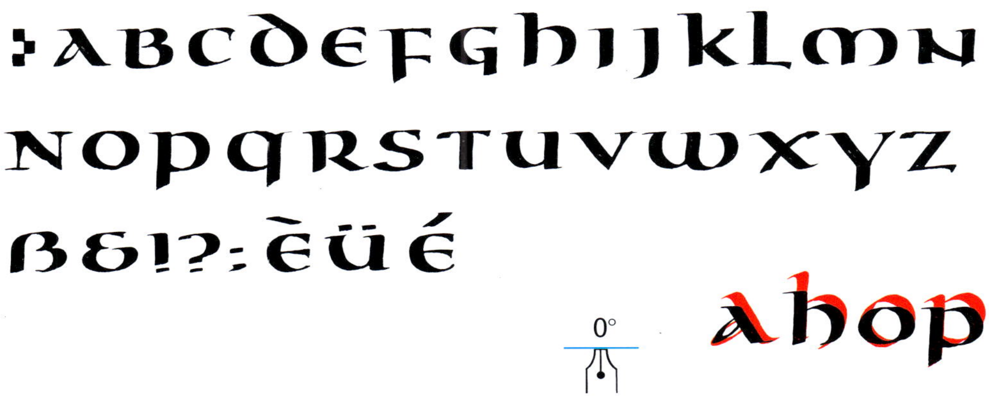

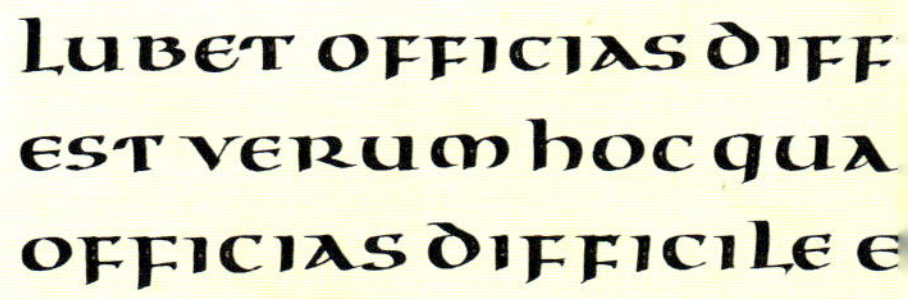

ɿABCDEFGhIJKLmN
NOPQRSTUVWXYZ
ß&!?:ĕűé

LUBET OFFICIAS DIFF
EST VERUM hOC QUA
OFFICIAS DIFFICILE E

Quadratisch Altertümlich aussehende, schwer wirkende Form, mit horizontal angesetzter Feder geschrieben. Die Serifen bei C, E, F usw. entstehen durch das Drehen der Feder auf eine Ecke.

Halbunziale

Diese Buchstaben, die ein eigenständiges, komplettes Alphabet bilden, weisen stark gerundete Formen auf. Setzen Sie den Federhalter sehr flach (nur 5–15°) an um breite vertikale Linien und schmale Ober- und Unterseiten der gewölbten Buchstaben entstehen zu lassen. Die keilförmigen Serifen geben den Formen Gewicht, das diese Schmalheit ausgleicht. Fügen Sie sie als gesonderte gewölbte Striche an und lassen Sie sie glatt in den Buchstabenschaft übergehen. Halten Sie die Oberlängen flach.

Dieser Schriftstil entwickelte sich zwischen dem 7. und 11. Jahrhundert neben der Unziale. Einige Versionen weisen sehr ausgeprägte Ober- und Unterlängen auf und sind damit das erste Anzeichen für die Entwicklung der Kleinbuchstaben.

Setzen Sie die Halbunziale für sich oder in Verbindung mit Versalien für formelle Schriftstücke oder zwanglose Gestaltungen ein. Sie eignet sich besonders für frühchristliche Texte.

Links: Die gerundeten Buchstaben dieser Handschrift eignen sich für ein kompaktes Design; sie laden dazu ein, auch in den Leerräumen zwischen den Lettern Farben auszuprobieren. Hier wurde mit der englischen Schreibfeder und Gouache-Farben auf strukturiertem Aquarellpapier geschrieben; ergänzt wird die Arbeit durch Blattgoldstücke. *Kalligraphie von Mary Noble.*

40 Schriftenkatalog

:abcdefghijklmn
opqrstuvwxyyz
ßßℜ!?;ëüé

 ahop

Ohne Keilformen Mit einer bequemeren Federhaltung geschriebene, freiere Version mit gewölbten Serifen. Beachten Sie, wie die Rundungen bei H, M, R und P vom Hauptschaft des Buchstabens abzweigen.

:abcdefgghijklmnopqr
stuvwxyz ßℜ

 ahop

Komprimiert, hoch Version im angelsächsischen Stil, die einem Kleinbuchstabenalphabet ähnelt. Ziehen Sie die Hauptstriche mit einem Ansatzwinkel von 5° und drehen Sie die Feder bei den schmalen Gabelungen.

:abcdeefghijklmno
pqrrrstuv wxyzßℜ
!?;ëüé

 ahop

Angelsächsisch Eine weitere angelsächsische Form mit weichen Keilformen an manchen Serifen. Hier werden zwei R vorgestellt, das dritte ist eigentlich eine alte Form des S.

:abcdefghijklm
nopqrstuvwx
yzßℜ

 ahop

Splendid, geneigt Version von vier Federbreiten Höhe, die aber breit gezogen ist und dadurch zwanglos wirkt. Führen Sie die abzweigenden Bögen bei H, K, M, P und R aus ohne die Feder abzusetzen.

Halbunziale **41**

:abcdeFgghijklm
NopqRstuvwxyz
ßß!?;ëüé

 ahop

efficias difficile e
verum hoc qua l

Flach, fett Version mit drei Federbreiten Höhe und keilförmigen Serifen. Die Keile bei D und T erfordern einige Kunstfertigkeit im Umgang mit der Feder.

:abcdeFgGhijklm
NopqRstuvwxyyz
ßß!?;ëüé

difficile est verum
qua lubet efficias

Mager Sechs Federbreiten hohe Form mit gewölbten Serifen und weit oben abzweigenden Bögen. Behalten Sie die offenen und in der Breite harmonierenden Formen der Buchstaben bei.

:abcddeFghijklm
NopqRstuvwxyz
ßß!?;ëüé

 ahop

aNbcededFegeh
okelmNeopres

Oval Zu eleganten Ovalen komprimierte Version mit fünf Federbreiten Höhe und abgeschwächten Keilformen, die fließend eingearbeitet werden. Behalten Sie eine Federhaltung von 15° bei.

:abcdefghijklmNopq
Rstuvwxyzßß!?;ëüé

abecdeFgegehijeklem
peqnesteuevwexyeza

Komprimiert, geneigt Version in derselben Strichstärke wie oben, jedoch gedrängter und mit einer deutlichen Neigung nach rechts. Beachten Sie die gerundeten, hohen Ansätze bei H, K, M, P und R.

A B C D E F G H I J K L M N O P Q R S T U V W X Y Z

Versalschrift

In ihren historischen wie auch in neuzeitlichen Formen werden Versalien mit zusammengesetzten Federstrichen geschrieben. Drei Striche mit der horizontal (0°) gehaltenen Feder ergeben den Buchstabenschaft. Ebenfalls in drei Strichen, doch mit einem kleinen Ansatzwinkel, entstehen die gewölbten Abschnitte. Die leicht „taillierten" Schäfte wirken elegant. Die Buchstabenstrukturen sind eng an die römischen Großbuchstaben angelehnt. Stärkere Formen können mit der Feder als Silhouette gezogen und mit Farbe ausgefüllt werden. Die schönsten Beispiele für die Versalschrift finden wir in Handschriften aus dem 9. und 10. Jahrhundert, in denen die Großbuchstaben – meist in Rot oder Blau gehalten – für Überschriften oder zur Kennzeichnung von Vers- oder Textanfängen verwendet wurden. Heute werden auch ganze Texte in Versalschrift geschrieben.

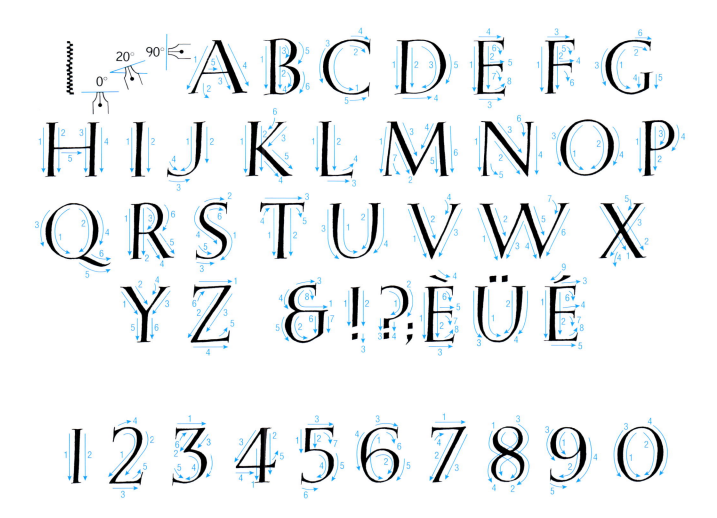

Links: Diese eleganten Buchstaben wurden unter Verwendung roter und gelber Gouachefarbe mit der Feder gezogen. Der mit farbiger Akryltusche überzogene Hintergrund versiegelt die zu beschreibende Oberfläche. Die kleinen Rhomben bestehen aus Goldfolie, die auf PVAC aufgeklebt wurde.
Kalligraphie von Janet Mehigan.

44 Schriftenkatalog

FFICILE EST VERUM HOC
A LUBET EFFICIAS DOCIL
ST VERUM HOC QUA LUB

Mager, komprimiert 24 Federbreiten hohe Version, deren Buchstaben mit drei Strichen einer schmalen Feder gezeichnet und mit Haarlinienserifen versehen sind. Beachten Sie die gedrängte Form bei D, C, G, O und Q.

ABCDEFGHIJKLMNO
PQRSTUVWXYZ
&!?,;ËÜÉ

   AHOP

LUBET EFFICIA
DIFFICILE EST V

Grotesk Serifenlose Form, die diesem Beispiel ein modernes Aussehen verleiht. Formen Sie die Schäfte mit leicht gewölbten äußeren Strichen und füllen Sie diese mit dem dritten Federstrich aus.

ABCDEFGHIJKLM
NOPQRSTUVWXYZ
&!?,;ÈUE

ILE EST VERUM
QUA LUBET OF
S DIFFICILE ES

Lombardisch Auf einer Versalschrift des 12. Jahrhunderts basierende Version, zeigt Anfänge der nur einzeln verwendeten Zierbuchstaben. Ziehen Sie die Umrisse mit einer schmalen Feder und füllen Sie die Buchstabenformen mit Farbe aus.

ABCDEFGHIJK
LMNOPQRSTUV
WXYZ&!?,;ÈÜÉ

FFICILE EST V
UM HOC QU

Skelettversalien 24 Federbreiten hohe Version, die mit einer schmalen Feder gezogen wird. Die Schäfte und Wölbungen der Buchstaben werden mit nur zwei Strichen gebildet.

ABCDEFGHIJKLM
OPQRSTUVWXYZ
&!?,;ÈÜÉ

   AHOP

Versalschrift **45**

ABCDEFGHIJKLMN
OPQRSTUVWXYZ
&!?;ÈÜÉ

0° 20° 90° AHOPP

DIFFICILE EST VE
UM HOC QUA LU

Geneigt (kursiv) Leicht komprimierte, nach oben ausgerichtete Form, die häufig mit einer seitlichen Bewegung gezogen wird, so dass die Buchstaben auf dem Papier zu tanzen scheinen.

ABCDEFGHIJKLMN
OPQRSTUVWXYZ
&!?;ÈÜÉ

0° 20° 90° AHOP

DIFFICILE EST V
RUM HOC QU

Geneigt, grotesk Serifenlose Version, deren Buchstaben oben und unten leicht verstärkt sind. Die Schrift sieht modern und elegant aus.

ABCDEFGHIJKLM
NOPQRSTUVWXYZ
&!?;ÈÜÉ

0° 20° 90° AHOP

DIFFICILE EST
ERUM HOC QU

Dekorativ Mit schmaler Feder geschriebene, 24 Federbreiten hohe Schrift aus sehr dünnen Strichen, die die gewölbten Formen überbetonen, und mit verlängerten, gebogenen Serifen. Zeichnen Sie ungezwungene, nach vorn geneigte Buchstaben.

ABCDEFGHIJKLM
NOPQRSTUVWXYZ
&!?;ÈÜÉ

0° 20° 90° AHOP

DIFFICILE EST V
RUM HOC QU

Modern Geneigte und leicht gebogene Federstriche. Beachten Sie die im Winkel von 20° geschriebenen Serifen und deren individuelle Gestaltung.

ALPHABET ALPHABET

ABCDEFGHIJKLMNOPQRSTUVWXYZ
abcdefghijklmnopqrstuvwxyz

abc

alphabetalphabetalphabetalphabet

xyz

abcdefghijklmnopqrstuvwxyz
ABCDEFGHIJKLMNOPQRSTUVWXYZ

ALPHABET ALPHABET

Karolingische Minuskel **47**

*Die Buchstaben der karolingischen Minuskel, die mit einem konstanten Federansatzwinkel von 30°
geschrieben werden, basieren auf einer splendiden o-Form. Der große Zeilenabstand (fast die dreifache
x-Höhe der Minuskeln) lässt eine offene, über die Seite dahinfließende Schriftform entstehen. In den
ursprünglichen Handschriften verwendete man Unzialformen oder Versalformen. Die hier vorgestellten
neuzeitlichen Großbuchstaben sind geneigte, mit einer Höhe von sechs Federbreiten geschriebene
römische Großbuchstaben. Beachten Sie die auffallenden Bögen am oberen Ende des B, des D, des P und
des R, die den Zusammenhang mit den Minuskelbögen herstellen.
Die karolingische Minuskel, eine gut lesbare Standardbuchschrift des 9. und 10. Jahrhunderts, wurde am
Hofe Karls des Großen entwickelt. Als Buchschrift spielt sie auch noch heute eine Rolle.*

Links: Ein einfaches Alphabetdesign, dessen Betonung auf der Harmonie von Buchstaben und Farben liegt und das mit Gouache auf schwarzem Pastellpapier geschrieben wurde. Um einen Kontrast zu schaffen, hat die Künstlerin für die Großbuchstaben oben und unten goldfarbene Gouache verwendet. *Kalligraphie von Janet Mehigan.*

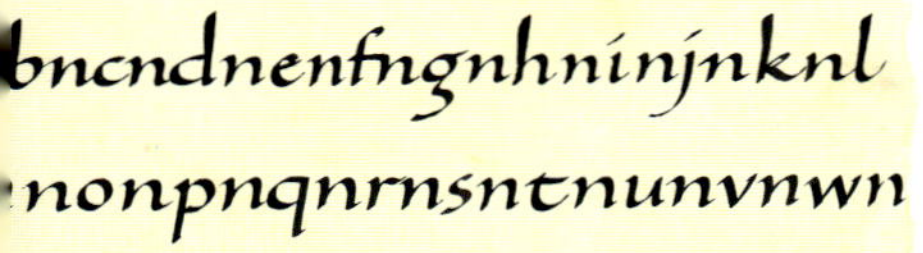

48 Schriftenkatalog

Karolingische Buchschrift Minuskelschrift des frühen 9. Jahrhunderts, geneigt, mit einem Federansatzwinkel von 30° und einer x-Höhe von drei Federbreiten. Die keulenförmigen Oberlängen entstanden vielleicht durch eine nach oben und wieder nach unten geführte Schreibbewegung.

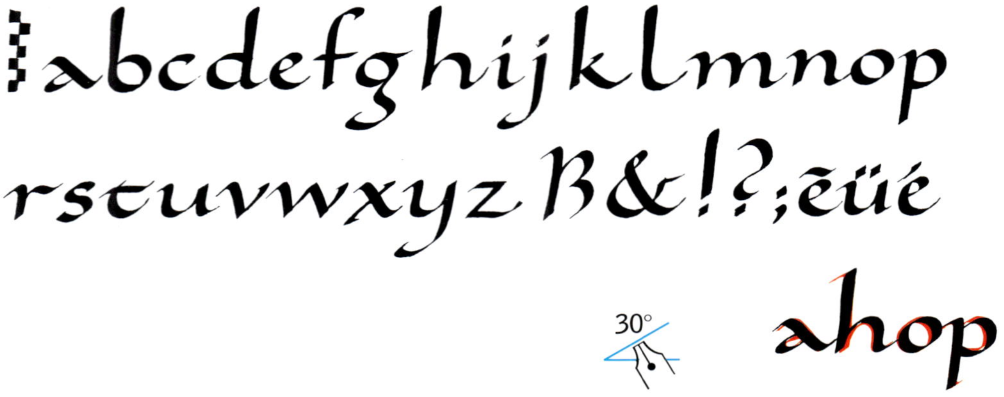

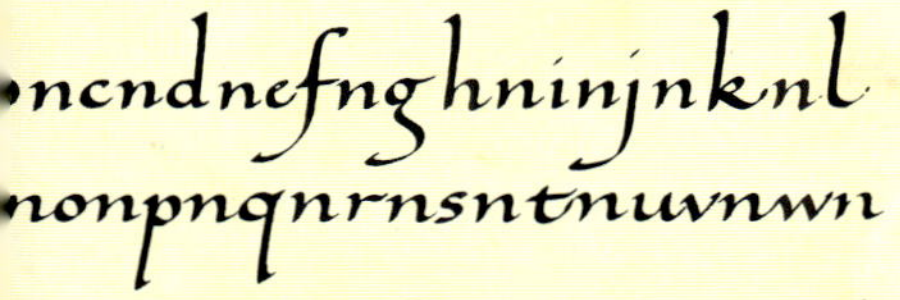

abcdefghijklmnop
rstuvwxyz ß&!?;ēüé

ahop

Hoch und elegant Die Ober- und Unterlängen der gerundeten Minuskeln haben die doppelte x-Höhe, die Buchstaben weisen hohe Bögen große keilförmige Serifen auf. Der Zeilenabstand verleiht dem Schriftbild ein geräumiges, gestrecktes Aussehen.

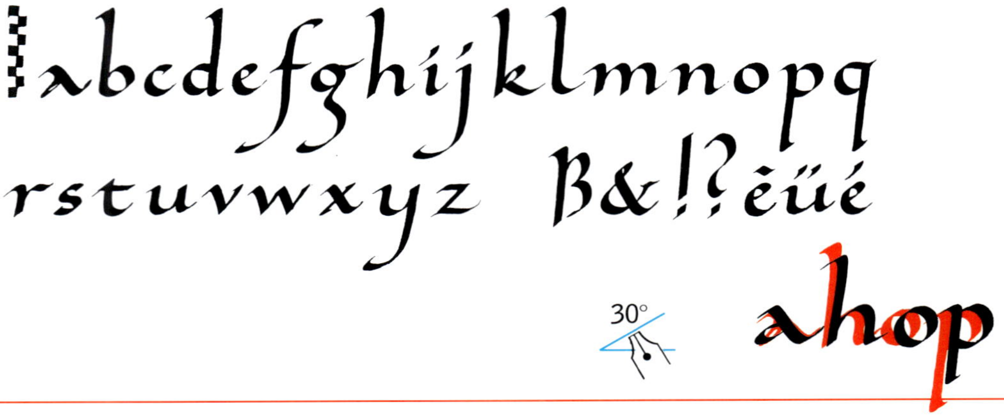

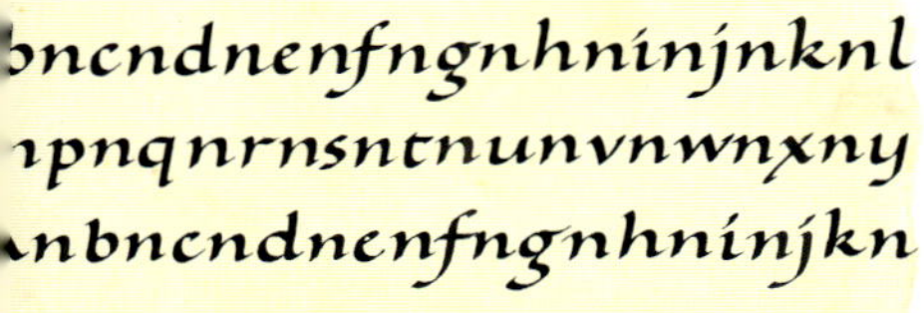

abcdefghijklmnopq
rstuvwxyz ß&!?ēüé

ahop

Modern, formal Version mit kleinen hakenförmigen Serifen. Die Ober- und Unterlängen entsprechen, gemessen in Federbreiten, der x-Höhe (3:3). Gerundete, der Foundational ähnelnde Formen, hier jedoch mit auffallenden Bögen.

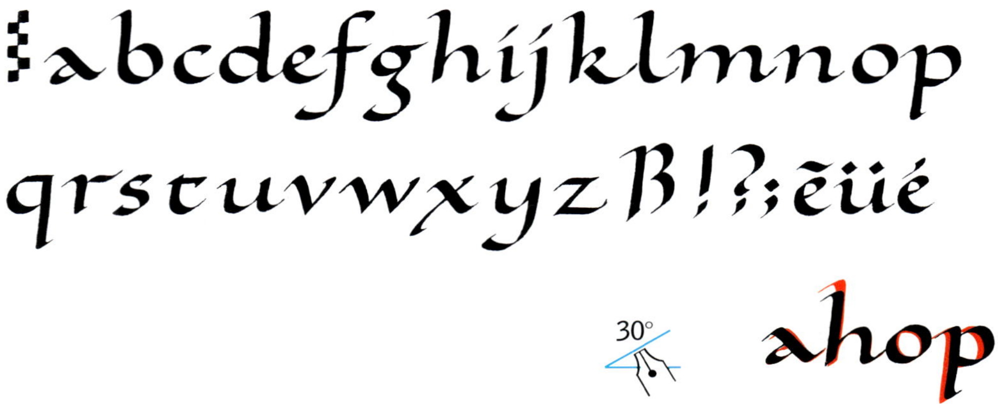

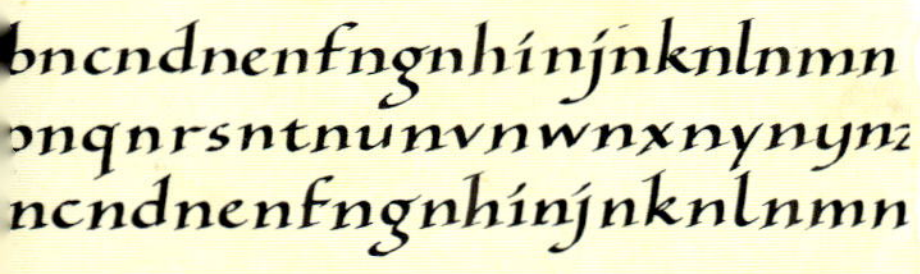

abcdefghijklmnop
qrstuvwxyz ß!?;ēüé

ahop

Flach, mit Serifen Version, die durch einen flachen Federansatzwinkel von 20° und ihre Höhe von nur drei Federbreiten ein klobiges Aussehen erhält und den Linienverlauf quer über das Blatt betont.

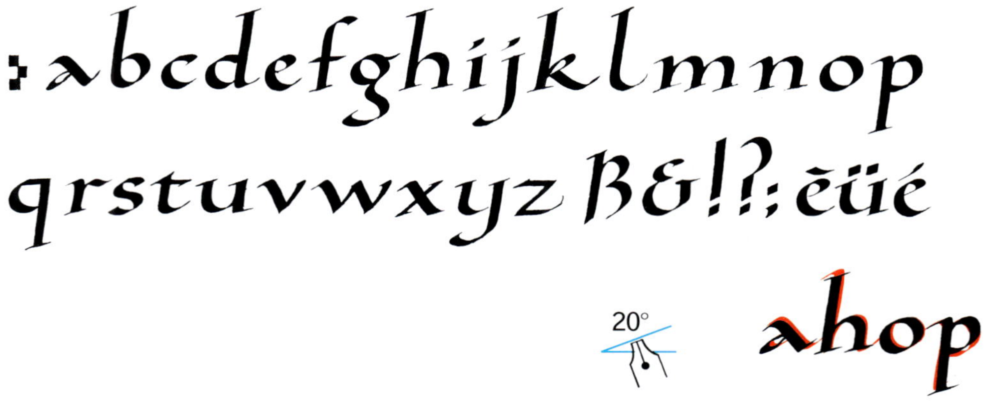

abcdefghijklmnop
qrstuvwxyz ß&!?;ēüé

ahop

Karolingische Minuskel **49**

; abcdefghijklmnopqr
stuvwxyz ß&!?; ēüé

ahop

anbncndnenfngnhninjknlr
nonpnqnrrsntnunvnwxny

Mager, mit keulenförmigen Serifen
Mit schmaler Feder geschriebene Version, deren Formen auf einem gedehnten o beruhen. Sie wirkt fein und offen, die Betonung liegt auf den stärkeren Oberlängen.

; abcdefghijklmnopq
rstuvwxyz ß!?;ēüé&

ahop

anbncndnenfngnhninjkn
nmnonpnqnrsntnunvnwn
ynznanbncndnenfngnhinj
nlmnonpnqnrsntnun

Fett Mit kleinen Serifen versehene Version von zweieinhalb Federbreiten Höhe. Beachten Sie bei h, m und n den leichten Einzug am letzten Federstrich. Achten Sie auf eine schöne Binnenform der Buchstaben.

; abcdefghijklmn
oprstuvwxyzß!?
;ēüé

ahop

anbncndnenfng
ninjknlnmonp
rnsntnunvnwxnyr

Splendid Auf einem gedehnten o beruhende Form mit breiten, niedrig entspringenden Bögen und großzügigen Serifen.

; abcdefghijklmn
opqrstuvwxyz
ß&!?;ēüé

ahop

anbncndnenfngnhinjnk
nlmnonpnqnrnsntnunv
wnxnynznanbncndnen

Splendid, mit geschwungenen Linien
Im Vergleich zur obigen Form freiere, lebendig wirkende Version mit drei Federbreiten Höhe, breiten, offenen Buchstaben, fließenden Unterlängen und großzügigen Serifen.

Foundational

Die Foundational wurde von Edward Johnston (1872–1944) geschaffen. Ihre Entwicklung beruhte auf Johnstons Studien von Handschriften aus dem 9. und 10. Jahrhundert, insbesondere des Ramsey-Psalters, einer karolingischen Handschrift. Die moderne Foundational unterscheidet sich etwas von ihrem Original. Die heutigen Kalligraphen haben Regeln geschaffen, die es erlauben, die Handschrift in ihrer Form zu erhalten. Die Buchstaben werden aufrecht, mit einer x-Höhe von vier Federbreiten und einem konstanten Ansatzwinkel von 30° (mit Ausnahme der Diagonalen) geschrieben. Die Buchstaben beginnen und enden mit kleinen Serifen. Beim Schreiben wird die Feder häufig abgesetzt. Wir benutzen bei dieser Schrift die klassischen römischen Großbuchstaben. Im 10. Jahrhundert wurden als Großbuchstaben Unzialformen oder Versalformen verwendet.

Links: Ein gut proportioniertes und ausgeführtes Kleinbuchstabenalphabet mit gezügelten Haarlinienverlängerungen bei e, g, j und s. Mit einer englischen Schreibfeder und roter Tusche auf einem ebenfalls mit roter Tusche überzogenen Hintergrund geschrieben und daher kraftvoll wirkend. *Kalligraphie von Ian Garrett.*

52 Schriftenkatalog

nbncndne
ngnhninjn

;abcdefghijklmno
pqrstuvwxyzß&?!;
éűè

Fett Mit einer x-Höhe von drei Federbreiten geschriebene und mit keilförmigen Serifen versehene Version, die kräftiger als ihre Vorlage wirkt. Beachten Sie die hohen, festen Bogen bei h, m und n.

 ahop

nbncndnenfn
gnhninjnknln

;abcdefghijklmn
opqrstuvwxyzß
&?!;éűè

Mager Version, die mit einer x-Höhe von fünf Federbreiten und den rhombenförmigen Serifen eher elegant als kräftig wirkt.

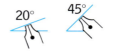 ahop

anbncndn
ngnhninj

;abcdefghijklm
nopqrstuvwxy
zß&?!;éűè

Fett Version mit nur zwei Federbreiten großer x-Höhe. Die Buchstaben sind seitlich gestreckt, damit die Binnenräume erhalten bleiben, und haben rhombenförmige Serifen. Die Schrift erhält dadurch eine sehr kräftige Struktur.

ahop

nbncndnenfngn
ninjnknlmnon

;abcdefghijklmnop
qrstuvwxyzß&?!;éűè

Komprimiert Schriftversion mit kleinen Serifen, die auf einem fast geradseitigen o basiert und die Vertikalen betont. Achten Sie beim Schreiben auf die Änderung des Ansatzwinkels.

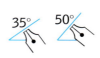 ahop

Foundational **53**

zabcdefghijklmnop
qrstuvwxyz ß&?!;
éüè

ahop

anbncndnenfng
hninjnknlnm

Komprimiert, geneigt Schrift mit den für die Foundational charakteristischen gerundeten Bögen und der flachen Federhaltung von 20°. Die ersten Striche bei v, w, x und y werden mit steilerem Ansatzwinkel (45°) geschrieben.

:abcdefghijklmnop
qrstuvwxyzß&?!:éüè

ahop

anbncndnenfr
gnhninjnknl

Cnut-Charta Version mit komprimierten, schrägen Buchstaben, die aus den Schäften entspringende Bögen haben und bei vielen Strichen einen Wechsel der Federhaltung verlangen. Achten Sie bei u, h, m und n auf den nach innen gezogenen Strich.

zabcdefghij gjkklmnop
qrstuvwxyz ß&??!;éüè

ahop

anbncndnenfngh
injnkNnlmnopn

Fett, komprimiert Version, die durch die stark komprimierten, mit flachem Ansatzwinkel (25°) geschriebenen Buchstaben eine dichte Struktur erhält. Beachten Sie den Gebrauch breiter, niedriger Großbuchstaben, die das Muster durchbrechen.

zabcdefghijklmn
opqrstuvwxyzß
&?!;éüè

ahop

anbncndnen
gnhninjnknl

Zwanglos und frei geschrieben
Version mit einer Höhe von vier Federbreiten, die mit veränderlichem Ansatzwinkel geschrieben wird und Haarlinienserifen, weist mehrere Ligaturen auf. Die Schriftlinien wirken bewegt.

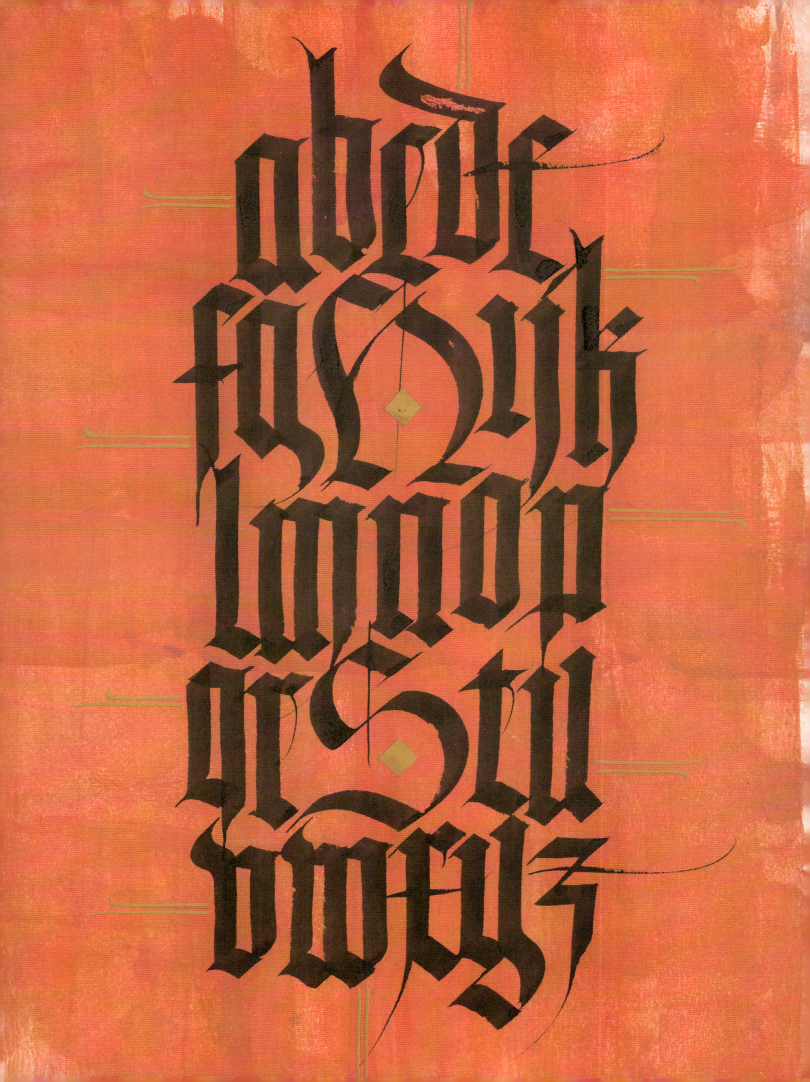

Gotische Schrift

*Die gotische Schrift zeigt dichte, eckige Striche und Rauten als Kopf- und Fußabschlüsse.
Sie wird im Allgemeinen mit einer vier Federbreiten großen x-Höhe und mit schmalen Binnenräumen
(eine bis anderthalb Federbreiten) geschrieben. Sie ergibt ein sehr dichtes Schriftbild und ist schwer
zu lesen. Der Federhalter wird in einem Winkel von 40–45° angesetzt. Beim Schreiben der Buchstaben
wird die Feder häufig abgesetzt und der Federwinkel geändert.*

*Die Großbuchstaben sind im Gegensatz zu den Kleinbuchstaben breiter, runder und
weisen darüber hinaus als Schmuck komplizierte Haarlinien und Rauten auf. Dadurch entsteht
zwischen beiden ein großer Kontrast. In gotischen Handschriften wurden für die
Großbuchstaben häufig Versalformen verwendet.*

*Der gotische Schriftstil entwickelte sich aus der karolingischen Minuskel. Im 13. Jahrhundert hatte er sich
als Buchschrift durchgesetzt und überdauerte in seinen vielen Formen bis ins 16. Jahrhundert.*

Links: Gotisches Alphabet, mit schwarzer chinesischer Tusche auf rotem, mit der Farbwalze aufgetragenem Untergrund geschrieben. Ein neuartiger Kontrast und eine interessante Raumnutzung entstehen durch die größer gestalteten Buchstaben h und s, in die auf der Spitze stehende Quadrate in ockerfarbener Gouache eingefügt sind.
Kalligraphie von Ian Garrett.

56 Schriftenkatalog

Rotunda Gerundete Buchstabenformen, die auf einem italienischen Schriftstil des 15. Jahrhunderts basieren. Dieser weniger eckige, offenere gotische Stil ist sehr gut lesbar. Beachten Sie die unterschiedlichen Federhaltungen.

Rotunda-Großbuchstaben Die fünf Federbreiten hohen Kleinbuchstaben und die mit sieben Federbreiten geschriebenen Großbuchstaben machen diese Schrift leichter als die obige. Schreiben Sie die Formen ungezwungen.

Textura Precissa Version, die mit einem Ansatzwinkel von 45°, sehr dicht und langsam zu schreiben ist. Manche Buchstabenfüße enden flach. An der Buchstabenbasis wird die Federhaltung entweder flacher oder Sie füllen die restliche Form mit der Federecke aus.

Moderne Quadrata Ebenfalls aus dem 13. Jahrhundert stammende Version, die jedoch weniger starr als die obige Form wirkt und auf der Spitze stehende Quadrate als obere und untere Abschlüsse hat. Sie wird vier Federbreiten hoch und mit einem Ansatzwinkel von 45° geschrieben.

Gotische Schrift **57**

zabcdefghijklmnopq
rstuvwxyz ßg?!;éüè

 ahop

anbnendnenenf
gnhninjnknlmn

Moderne Gotik Vereinfachte Version; ein stärkerer Federdruck an der Spitze der Oberlänge verleiht den Formen jedoch Schärfe. Achten Sie an den oberen und unteren Enden der Bögen auf die Schreibrichtung.

---

zabcdefghijklmnopq
rstuvwxyz ßg?!;éüè

 ahop

anbnendnenfn
nhninjnknlmn

Modelliert Fünf Federbreiten große x-Höhe, Version mit vielen konkav-vertikalen Strichen, die eine bewegtere Struktur erzeugen.

---

zabcdefghiijklmnopq
rstuvwxyzßg?!;éüè

 ahop

anbnendnenfn

Zeitgenössisch Gebrochene Buchstabenform mit einer x-Höhe von sechs Federbreiten. Die leicht wirkende Schrift mit ihren vielen gewölbten Strichen schafft ein spannungsvolles Textbild. Sie kann als Auszeichnungsschrift verwendet werden.

---

zabcdefghijklmnopqrst
uvwxyzßg?!;éüè

 ahop

anbnendnenfngni
nknlmnnonpnqnr
tnunvnwnxnynzn ß

Untersetzt Auf einer Schrift von Rudolf Koch basierende Version mit einer Mischung von Ecken und Wölbungen sowie Vertikalen, die gebrochen sind und in dieser dicht geschriebenen Form eine lebendige Struktur schaffen.

Bâtarde

Die Bâtarde ist eine gotische Kursivschrift, die freier geschrieben ist und einen alltäglicheren Stil zeigt als die gotischen Handschriften auf den vorhergehenden Seiten. Einige Buchstaben sind in verschiedenen, aus französischen Handschriften des 13. – 16. Jahrhunderts gewissenhaft wiedergegebenen Versionen aufgeführt. Die Kleinbuchstaben sind nur drei Federbreiten hoch, haben spitz zulaufende Bögen und werden mit häufig wechselndem Ansatzwinkel geschrieben. Manche Striche mögen mit einer modernen Feder schwierig auszuführen sein, da sie eigentlich für das Schreiben mit dem biegsameren Federkiel gedacht sind. Lassen Sie die Tusche zur Federecke fließen und ziehen Sie so die Haarstriche. Um die Haarlinie am Abstrich des F und des p zu schreiben, drehen Sie die Feder. Die Höhe der Großbuchstaben variiert.

Links: Cremefarbenes handgeschöpftes Papier lässt das Design in Grün und Braun, in dem Überlappungen und kontrastierende Buchstabengrößen wechseln, deutlich hervortreten und betont die dichte Wirkung der attraktiven Handschrift.
Kalligraphie von Juliet Jeffery.

60 Schriftenkatalog

Vereinfacht Im Vergleich zur Ausgangsalphabet weniger detailreiche Schriftversion, die hauptsächlich mit einem Ansatzwinkel von 37° geschrieben wird. Bei den Haarlinien wird die Feder gedreht.

Geneigt und verziert Version mit Verfeinerungen an den Oberlängen und einem eleganten g. Beachten Sie die beiden unterschiedlichen Bogenformen beim n.

Weichere Form Schlichtere Schriftform mit weichen Bögen und schönen Haarlinien an den Enden der Oberlängen. Letztere werden mit der Federkante ausgeführt.

Mager Diese fünf Federbreiten hohe Version sieht ganz anders aus. Die Oberlängen haben gewölbte Abschlüsse, das y wirkt schlicht und die Vertikale des f ist mit einem zusätzlichen Strich verstärkt.

Bâtarde **61**

*abcdefghhijklmm
nopqrrstuvwxyz
ßß!?;ēüé*

*anbncndnenfn
ngnhninjnkn*

Breiter Offenere Form mit einigen Rundungen und zusätzlichen dekorativen Haarlinien. Beachten Sie den überlappenden oberen Strich des g und den Fuß des h.

*abcdefghijklmn
opqrstuvwxyz
ßß!?;ēüé*

*anbncndnenfng
gnhninjnknlm*

Aufrecht Langsam und gerade geschriebene Buchstaben mit einem horizontalen Abschluss der Oberlängen und mit eleganter Haarlinie bei g. Bei f, g, v, w, x und y wird die Feder gedreht.

*abcdefghijkllm
nopqrstuvwxyz
ß&!?;ēüé*

*anbncndnen
fngnhninjnk*

Anschwellend Lassen Sie die breiten Striche durch stärkeren Federdruck langsam anschwellen und durch Änderung des Ansatzwinkels in schmale Striche und sehr elegante Haarlinien übergehen.

*abcdefghijklmn
opqurstvwxyz
ßd!?;ēüé*

*anbncndnenfng
nlninjnknlmn*

Mager, spitz zulaufend Vier Federbreiten hohe, komprimierte, geneigte Schrift mit ausgeprägten Spitzen. Die Haarlinien werden zu den Buchstaben zurückgezogen. Beachten Sie den oberen Abschluss des g und den unteren Abschluss des b.

Humanistische Kursive

Die komprimierten, auf einem ovalen o basierenden Buchstabenformen der formalen humanistischen Kursive haben aus den Schäften entspringende Bögen, die in einer Höhe von zwei Dritteln des Schafts beginnen. Die Buchstaben werden mit einer Neigung von 5° und einem Federansatzwinkel von 35–45° geschrieben. Die Feder wird beim Schreiben nur selten abgesetzt.

Die humanistische Kursive ist für den modernen Kalligraphen die vielseitigste Schrift; sie kann für formelle Schriftstücke wie auch für ausdrucksstärkere Formen der Kalligraphie verwendet werden.

Die humanistische Kursive, eine laufende Schreibschrift, die aus der humanistischen Minuskel entstanden war, entwickelte sich im frühen 15. Jahrhundert, in der Zeit der italienischen Renaissance. Die Ursprünge beider Formen liegen in den karolingischen Handschriften des 9. und 10. Jahrhunderts. Die Großbuchstaben der humanistischen Kursive haben eine komprimierte Form und sind nach rechts geneigt.

Links: Für das A benutzte die Kalligraphin eine englische Schreibfeder und Abdecklack. Die feinen Linien wurden mit der Federecke ausgeführt. Die verwegen wirkenden Großbuchstaben sind mit Gouache auf einem mit Akryltusche überzogenen Hintergrund geschrieben. *von Janet Mehigan*.

64 Schriftenkatalog

Formal Fünf Federbreiten hohe, geneigte Schrift, die langsam und mit einem Ansatzwinkel von 45° geschrieben wird. Die weichen ovalen Bögen entspringen in einer Höhe von ca. zwei Dritteln der x-Höhe des Buchstabenschafts.

abcdefghijklmnopqrstu vwxyzß&!?,;èüé

45°

ahopp

Mager, splendid Rundere, breitere, mit hakenförmigen Serifen versehene Buchstabenform, die mit einem Ansatzwinkel von 30° entsteht. Die acht Federbreiten große x-Höhe lässt die Schrift leicht und splendid erscheinen.

abcdefghijklmnop qrstuvwxyz ß!?,;& èüé

30°

ahop

Komprimiert, eckig Enge, spitze Buchstaben, die mit einem steilen Ansatzwinkel von 45° und stark zusammengedrängt geschrieben werden. Binnen- und Außenräume der Buchstaben müssen zueinander passen, damit eine gleichmäßige Struktur entsteht.

abcdefghijklmnopqrstuvwxy z ß!?,; èüé

45°

ahopp

Spitz, gedehnt Version mit einer x-Höhe von fünf Federbreiten, die mit einem Ansatzwinkel von 40° geschrieben wird und durch ihre gedehnte Form leicht wirkt. Beachten Sie die weit unten entspringenden Bögen, die spitz zulaufenden eckigen Buchstabenformen und die spitzen Serifen.

abcdefghijklmn opqrstuvwxyzß! ?,; èüé

40°

ahop

Humanistische Kursive **65**

abcdefghijklmnopqr
stuvwxyz ß&!?,; ĕűé

40° **ahop**

anbncndnenfngnhnijkr
nmnonpnqnrsntnun

Formal, fließend Version mit einer x-Höhe von sechs Federbreiten. Durch den Federansatzwinkel von 40° entsteht ein offener ovaler Stil, und die gebogenen Oberlängen lassen die Schrift elegant und fließend aussehen.

abcdefghijklmno
pqrstuvwxyz ß&!
?,; ĕűé

30° **ahop**

anbncndnenfngnhninjnk
nonpnqnrsntnunvnwn
ynznanbncndnenfngn

Fett Durch die Buchstabenhöhe von vier Federbreiten entsteht eine dichtere Form. Der Ansatzwinkel von 30° und die auseinandergezogenen Buchstaben ergeben eine gerundete, untersetzte Form, die der karolingischen Minuskel ähnelt.

abcdefggghhijkklm
nopqqrstuvwxyyzß

30° **ahop**

anbncndnenfngnhninjnknlm
nonpnqnrsntnunvnwnxnynz

Geschwungen Fünf Federbreiten hohe Version, die mit einem Federansatzwinkel von 30° geschrieben wird. Schreiben Sie rhythmisch und ohne Zurückhaltung. Halten Sie einen zusätzlichen Abstand zwischen den Zeilen und nutzen Sie beim Schreiben die Bewegung des ganzen Armes.

ABCDEFGHIJKLM
NOPQRSTUVWXYZ
ß & !?,; ÈŰÉ

30° **AHOP**

DIFFICILE EST VERUM
EFFICIAS DIFFICILE

„Verwegene" Großbuchstaben Nutzen Sie die Schreibbewegung des ganzen Armes. Lassen Sie die Feder flott in die Buchstabenform hineingleiten und zur nächsten übergehen; erweitern Sie die Buchstaben nur dort, wo es natürlich erscheint. Setzen Sie die Schrift sparsam und mit Bedacht ein.

66 Schriftenkatalog

abcdefghijklmnopqrst
uvwxyzß&!?;èüé

 ahop

Frei Schnell geschriebene Schriftversion, bei der die Feder nur selten abgesetzt wird. Die Bögen erscheinen auf halber Höhe; sie sind asymmetrisch, doch geschmeidig und laufen nicht spitz zu.

abcdefghijklmn
opqrstuvwxyz
ß&!?;èüé

ahop

Splendid, geneigt Version von Standardhöhe, die durch die Dehnung der Formen leichter aussieht. Die Buchstaben weisen deutlich spitz zulaufende Ecken auf.

abcdefghijklmn
opqrstuvwxyz ß&
!?;èüé

ahop

Fett, splendid Version von vier Federbreiten Höhe und mit einem Ansatzwinkel von 20° geschrieben. Es entsteht eine breite, runde Schrift mit starker linearer Betonung.

abcdefghijklmnopqrstuv
wxyzß&!?;èüé

 ahop

Spitz, komprimiert Die mit einem Ansatzwinkel von 50° geschriebene, komprimierte Schrift wirkt dicht. Die Spitzen erscheinen leicht und schließen die Buchstaben mit einer kurzen Aufwärtsbewegung der Feder ab.

Humanistische Kursive **67**

Komprimiert, mit Federdrehung Version mit spitzen, komprimierten Buchstaben, die schnell geschrieben wird. Eine Federdrehung lässt den Abstrich unten in einer Spitze enden. Einen Kontrast dazu bilden die breiten Großbuchstaben.

Flach, mit Schlaufen versehen Die geringe Höhe von nur drei Federbreiten wird durch die Buchstabenbreite ausgeglichen. Reizvoll sind die schleifenförmigen Ober- und Unterlängen.

Hoch, schmal Alphabet mit schmalen, spitzen Buchstaben, die schnell geschrieben werden. Die Kleinbuchstaben sind sieben, die Großbuchstaben zehn Federbreiten hoch. Alle abschließenden Striche sind deutlich nach oben gerichtet.

Mager, heiter wirkend Die Höhe von elf Federbreiten lässt nur einen kleinen Unterschied zwischen breiten und schmalen Linien entstehen. Reizvoll sind die „flatternden" Serifen. Die Ecken werden nicht spitz, sondern gerundet ausgeführt.

68 Schriftenkatalog • Humanistische Kursive

Wechselnder Federdruck Um die Feinheiten dieser Schriftform zu erzeugen, ist eine gute Beherrschung der Feder vonnöten. Achten Sie auf die Bögen des m und des n.

abcdefghijklmonp
qrstuvwxyzéüè *ahop*
ABCDEFGHIJKLMNOPQRS
TUVWXYBZ&?!; ÉÜÈ

Wechselnder Federwinkel Die Übergänge unterschiedlicher Strichstärken an den Oberlängen werden durch das Drehen der Feder erzielt. Beachten Sie die Abschlüsse der Oberlängen, die der Strichführung bei m und n entgegengesetzt sind.

abcdefghijklmno
pqrstu vwxyzß&
!?; èüé *ahop*

Gleichstarke Striche Schnell geschriebene Schrift, für die eine Reißfeder benutzt wurde, die die Tusche bei diesem Schriftstil frei fließen lässt.

ABCDEFGHIJKLMNOPQ
RSTUVWXYZ abcdefg
hijklmnopqrstuvwxy&z
ß!?;èüé *ahop*

Fett Die Buchstaben der nur vier bzw. drei Federbreiten hohen Schrift sind zum Ausgleich geschrieben. Sie weisen flache Füße und einige Haarlinien auf und ergeben einen gedrungenes, auseinandergezogenes Schriftbild.

ABCDEFGHIJKLMN
OPQRSTUVWXYZ&
abcdefghijklmnopq
rstuvwxyzß!? *ahop*

Englische Schreibschrift

Die englische Schreibschrift weist eine ovale Form auf, ist steil nach rechts geneigt und mit geschwungenen Linien verziert. Sie wurde vom 17. Jahrhundert an als Schrift der Kupferstecher aus der Kursivschrift entwickelt. Beim Schreiben hält man die biegsame Feder ganz anders als die breitkantigen Schreibwerkzeuge. Drehen Sie das Schreibpapier und Ihre Hand so, dass die Feder parallel zu der steilen Schriftneigung von 55° läuft. Ziehen Sie die Feder bei den Abstrichen mit stärkerem Druck in Ihre Richtung und führen Sie sie bei den Aufstrichen nur unter sehr leichtem Druck, damit sie sich nicht ins Papier gräbt.

Die Ober- und Unterlängen haben die doppelte x-Höhe der Kleinbuchstaben, die Großbuchstaben sind etwa so hoch wie die Oberlängen. Benutzen Sie die englische Schreibschrift für formelle Schriftstücke und für Arbeiten, bei denen der dekorative Charakter vorteilhaft zur Geltung gebracht werden kann.

Nächste Seite: Die Kompliziertheit dieses Entwurfs wird noch deutlicher, wenn Sie einige der dekorativen Schwünge am Rand bis zu ihrem Ursprung zurückverfolgen. Genaue, sorgfältige Planung und die meisterliche Beherrschung der Schreibkunst haben diese schöne Arbeit entstehen lassen. *Kalligraphie von Frederick Marns.*

Aa Bb Cc Dd Ee Ff Gg Hh Ii Jj Kk Ll Mm Nn Oo Pp Qq Rr Ss Tt Uu Vv Ww Xx Yy Zz

Englische Schreibschrift **71**

Aa Bb Cc Dd Ee Ff Gg Hh
Ii Jj Kk Ll Mm Nn Oo Pp
Qq Rr Ss Tt Uu Vv Ww Xx
Yy Zz ß & ! ? ; è ü é

wsanbpenifxcstwyk
nmcedyrsqufituwy

Verstärkte Punkte Schriftversion, bei der die linksseitigen Schwünge der Großbuchstaben mit einem betont starken Punkt abschließen. Durch die nur mäßigen Schwünge bleibt diese Version relativ einfach.

Aa Bb Cc Dd Ee Ff Gg Hh
Ii Jj Kk Ll Mm Nn Oo Pp
Qq Rr Ss Tt Uu Vv Ww Xx
Yy Zz ß & ! ? ; è ü é

ianbmeufasxpt
mveiyxcwrjiolfq

Fett Die schwierigste Variante, bei der die Strichstärke durch das Ausmalen doppelt gezogener Linien entsteht.

Aa Bb Cc Dd Ee Ff Gg Hh
Ii Jj Kk Ll Mm Nn Oo Pp
Qq Rr Ss Tt Uu Vv Ww Xx
Yy Zz ß & ! ? ; è ü é

iwxrwpognwstvn
ifnlvurwmyteuxiu

Halbfett Führen Sie die starken Linien in zwei Strichen aus, wenn sie nicht mit verstärktem Federdruck gelingen. Die Schwünge der Großbuchstaben sind kurze, in sich geschlossene Kringel. Die Spitzen des M und des N sind zu kleinen Schlaufen geformt.

Aa Bb Cc Dd Ee Ff Gg Hh
Ii Jj Kk Ll Mm Nn Oo Pp
Qq Rr Ss Tt Uu Vv Ww Xx
Yy Zz ß & ! ? ; è ü é

abceuomgtuswxpi
mwgtruilxzbnysp

Breiter Nach den Seiten etwas offenere Version mit Standardstrichstärke. Die Schwünge der Großbuchstaben haben eine offenere Form, die Punkte sind klein, ergeben aber ein hübsches Bild.

abcdefghi

abcdefg

Die Ästhetik der Kalligraphie

- Komposition und Gestaltung 74
- Gestaltung von Alphabeten 78
- Wiedergabe eines Textes 80
- Prinzipien der farblichen Gestaltung 82
- Die Gestaltung eines farbigen Hintergrundes 88
- Auswahl der Schrift 100
- Buchmalerei 104

Komposition und Gestaltung

Haben Sie einiges Können im Schreiben eines bestimmten Schriftstils erworben, möchten Sie Ihre Fähigkeiten sicher auch nutzen. Beginnen Sie mit einer Mitteilung oder vielleicht mit einem kurzen Zitat. Ganz gleich, für welche Art Text Sie sich entscheiden – die Anordnung der Wörter auf der Seite ist genauso wichtig wie die kalligraphische Ausführung der Buchstaben.

Die passende Anordnung

Die Planung Ihres Entwurfs wird in gewisser Weise von der Bedeutung der Wörter beeinflusst.

Ein Text für ein Restaurant beispielsweise, der die Gäste auffordert nicht zu rauchen, muss klar und sachlich wirken und in einer Schrift geschrieben sein, die sich problemlos auf einen Blick lesen lässt. Der Entwurf sollte einen ausreichend großen Rand haben, damit sich das Auge rasch auf den Schriftblock konzentrieren und die Bedeutung sofort erfassen kann. Vergleichen Sie das mit einem Zitat über den Nebel, der in der Dämmerung über den Wiesen liegt. Hier böte sich eine Gelegenheit, die Stimmung durch sanfte, gedämpfte Farben, durch großzügig angeordnete Wörter und ebenso großzügige Ränder auszudrücken und eine weiche, leichte, fließende Schrift (falls sie einen solchen Stil bereits beherrschen) zu wählen. Ein zurückhaltend wirkendes Nichtraucher-Schild oder eine gewichtige Interpretation der Nebel wären unpassend. Also haben Komposition und Gestaltung sowie die Wahl der Schrift einen starken Einfluss darauf, wie Ihre Worte aufgenommen werden.

Gestaltungsprinzipien

Kleine Skizzen können Ihnen helfen, Ihre ersten Ideen zu Papier zu bringen und eine Gesamtkomposition auszuarbeiten. Beziehen Sie stets die Ränder des Schriftblattes in Ihren Entwurf ein und sehen Sie sich an, wo der Hauptteil des Textes im Verhältnis zu den Rändern steht. Probieren Sie verschiedene Ideen und Formate aus.

Ausgewogenheit

Die einfachste ausgewogene Anordnung ist ein Entwurf, bei dem alle Schriftlinien symmetrisch um eine Mittellinie angeordnet sind. Es gibt jedoch auch andere Möglichkeiten, Ausgeglichenheit herzustellen, indem man beschriebene Flächen so anordnet, dass sie sich optisch gegenseitig die Waage halten und damit ein asymmetrisches Gleichgewicht bilden. Um festzustellen, ob ein Entwurf ausgewogen ist, treten Sie von Ihrer Arbeit so weit zurück, dass Sie sie nur noch als dunkle und helle Bereiche oder als Textlinien wahrnehmen und versuchen zu erkennen, ob das Ganze optisch umkippt.

Ein spannend wirkendes, frei gestalteter Alphabetentwurf, der mit einem Holzstab geschrieben wurde. Beachten Sie das asymmetrische Gleichgewicht zwischen ABC und XYZ sowie die kontrastierenden Schriftstärken, die der Arbeit einen besonderen Reiz verleihen. *Kalligraphie von Werner Schneider.* ▲

Ein täuschend einfach in den Blickpunkt gerücktes, schön getriebenes Design mit darüber angeordneten leichter wirkenden Elementen. In Abständen verteilte kleine Buchstaben an der Basis bilden einen optischen Abschluss. *Kalligraphie von Dave Wood.* ▶

Ränder

Ihre kalligraphische Gestaltung braucht Platz zum Atmen. Überladen Sie Ihren Entwurf nicht, indem Sie die Schrift zu nah an die Ränder heranreichen lassen. Im Allgemeinen sollte um den Text herum mehr Platz sein als im Text selbst. Messen Sie die größte weiße Fläche in Ihrem Entwurf aus, geben Sie dann mindestens noch einmal die Hälfte dazu und legen Sie so den oberen Rand fest. Der untere Rand sollte bis zu doppelt so breit sein wie der obere. Haben Sie für Ihre Arbeit ein Hochformat gewählt, muss an den Seiten mindestens so viel Platz bleiben wie oben, am besten jedoch mehr. Das Maß für die Seitenränder liegt meist zwischen dem für den unteren und dem für den oberen Rand. Wollen Sie auf einem Querformat schreiben, muss der freie Raum an den Seiten reichlicher, vielleicht so breit wie der untere Rand bemessen werden.

Kontraste

Ein Entwurf kann etwas langweilig aussehen, wenn die Schriftgröße nicht variiert. Schon eine Fläche mit großer Schrift, als Kontrast zum Haupttext eingesetzt, kann die Wirkung ändern und einen optischen Reiz schaffen.

Komposition und Gestaltung **75**

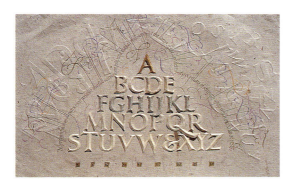

Der Blickpunkt

Beim Betrachten eines Designs sucht das Auge nach einem Ruhepunkt, von dem aus der Blick schweifen kann. Diese Stelle ist der Blickpunkt, der durch einen Wechsel der Farbe, der Schriftstärke, -größe oder -position oder durch eine Kombination dieser Eigenschaften geschaffen werden kann. Achten Sie bei der Wiedergabe Ihres Textes darauf, dass Sie das Auge nicht durch mehrere gleichermaßen auffällige Blickpunkte verwirren, die alle die Aufmerksamkeit des Betrachters auf sich ziehen. Legen Sie deren Rangfolge fest und überzeugen Sie sich davon, dass sie sich voneinander unterscheiden und so diese Hierarchie auch widerspiegeln.

Hier werden kräftige, in einem kompakten Block angeordnete Buchstabenformen durch kleine, mager geschriebene Textflächen ergänzt. Die kühn darüber gelegte Schrift schafft Gegensätze in Farbe, Größe und Form. *Kalligraphie von Mary White.* ▲

1

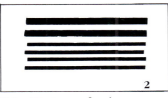
2

Die Entwurfsplanung

Fertigen Sie bei der Entwurfsplanung stets Skizzen an. Machen Sie sich Gedanken über Ausgewogenheit, Ränder, Inhalt und Zusammenhang sowie über den Blickpunkt. ▲

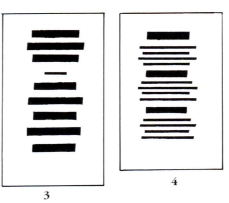
3

4

5

6

7

8

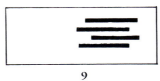
9

1 Fettere oder größere Schrift sorgt für Kontrast und Blickpunkt.
2 Zwei kontrastierende Schriftblöcke.
3 Auch so kommt ein Kontrast zustande.
4 Drei Blickpunkte konkurrieren um die Aufmerksamkeit des Betrachters.
5 Der hauptsächliche Blickpunkt wird deutlich.
6 Zentrierter Entwurf; lassen Sie oben und an den Seiten reichlich, unten noch mehr Rand.
7 Linksbündig.
8 Asymmetrisch; die Schriftlinien halten sich die Waage.
9 Asymmetrische Seitenaufteilung als Blickfang.

76 Die Ästhetik der Kalligraphie

Von der Skizze zur fertigen Arbeit

MATERIAL

Bleistift
Layout- oder Pauspapier
Lineal
Federn, Tusche
Schere
Leimstift
L-Formen
Papier guter Qualität
Kreppband

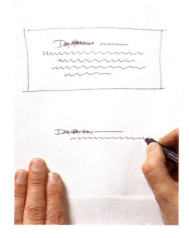

1 Skizzieren Sie Ihre Ideen zum Text, den Sie schreiben wollen. Achten Sie auf den Textumfang und überlegen Sie, ob er wie in einem Gedicht in Zeilen bestimmter Länge gegliedert werden muss. Probieren Sie Hoch- und Querformate aus.

2 Schreiben Sie den gesamten Text auf Layout- oder Pauspapier, ohne zunächst an die Gestaltung zu denken. Kontrollieren Sie Rechtschreibung, Buchstabenformen und Abstände und schreiben Sie alles Fehlerhafte neu.

Hier bilden die ersten drei Wörter den Blickpunkt; sie werden also mit einer größeren Feder geschrieben.

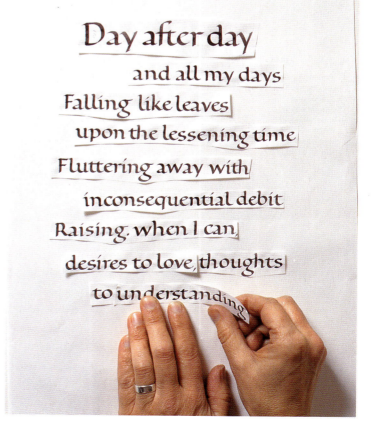

3 Schneiden Sie das Geschriebene in Streifen, entfernen Sie dabei die fehlerhaften Stellen. Schneiden Sie alles unbeschriebene Papier ab, das Sie bei dem Festlegen der Wortabstände irritieren könnte.

4 Ordnen Sie die Textstreifen auf einem neuen Blatt Papier an um festzustellen, ob sich eine Ihrer Skizzen praktisch umsetzen lässt. Der Text ist hier im Hochformat zusammengestellt, der Blickfang befindet sich oben.

Komposition und Gestaltung 77

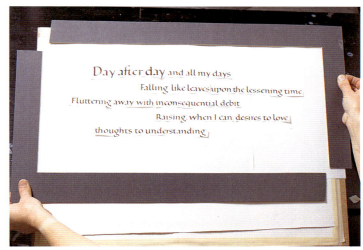

5 Befassen Sie sich nun mit den Rändern; sie können einen Entwurf verbessern oder verderben. Nehmen Sie schwarze Papierstreifen oder zwei L-Formen aus Pappe zu Hilfe. Hier sind die Ränder zu schmal bemessen, denn sie engen den Text optisch ein.

6 Hier lassen die Ränder dem Auge ausreichend Platz und eine Möglichkeit, sich auf die Gesamtform des Designs zu konzentrieren. Beginnen Sie beim Festlegen der Randbreite innen und ziehen Sie die Papierstreifen bzw. L-Formen allmählich nach außen, bis Sie die Gesamtform Ihres Entwurfs sehen können. Lassen Sie unten einen breiteren Rand.

7 Ordnen Sie die Wörter zu einer anderen Gestaltung neu an. Bei dieser Variante sind die Linien länger und zu einem asymmetrischen Design auseinandergezogen. Hier wurde der Versuch unternommen, einen Ausgleich zwischen den weißen Lücken und den Textzeilen zu schaffen. Der Rand ist großzügig bemessen (muss rechts jedoch noch breiter sein).

8 Haben Sie Ihren Entwurf fertig, kleben Sie die Streifen auf. Prüfen Sie nach, ob die Zeilenabstände gleichmäßig groß sind. Notieren Sie alle Abmessungen und die Größen der Federn, mit denen Sie geschrieben haben. Ziehen Sie nach diesen Angaben Linien auf einem Blatt Papier guter Qualität, auf dem die fertige Variante stehen soll.

9 Damit Sie sich auch wirklich an Ihren Entwurf halten, falten Sie Ihr Entwurfsblatt mit den Maßangaben so, dass nur die erste Zeile zu sehen ist und legen es so oberhalb Ihrer ersten Schriftzeile ab. Falten Sie das Blatt mit jeder neuen Zeile, die Sie schreiben, weiter auf. Bewegen Sie das Blatt sorgfältig, damit es nicht Ihre Schrift auswischt.

Kalligraphische Alphabete

Die abstrakte Gestaltung eines Alphabets erlaubt Ihnen die optische Dynamik der auf dem Papier angeordneten Buchstaben zu erkunden, ohne dass Sie dabei einen Bezug zum sprachlichen Inhalt herstellen müssen. Statt einen Entwurf für ein aufregendes Zitat oder ein interessantes, sinnträchtiges Gedicht zu gestalten, konzentrieren Sie sich nur auf die optische Wirkung der Buchstabenformen und den Raum oder die Unterbrechung des Raumes, der die Buchstaben umgibt. Das Positive und das Negative und ihre Beziehung zueinander sind die Basis einer guten Gestaltung.

Kalligraphische Alphabete dienen auch der Übung im phantasievollen Gestalten, da es dabei nicht um die Bedeutung des Textes, sondern um die Anordnung der Formen geht, die Erregung, Spontaneität, Spannung, Genauigkeit oder Ruhe und Gelassenheit ausdrücken soll.

Da ein kalligraphisch gestaltetes Alphabet nicht in erster Linie zum Lesen da ist, haben Sie eine Menge Spielraum um Ideen zur farblichen Gestaltung, zu Technik, Rhythmus und Gefühlseindruck zu entwickeln. Schauen Sie sich einige Arbeiten an, die in diesem Buch vorgestellt werden und probieren Sie etwas davon aus.

Buchstabenstrukturen

In der Kalligraphie besteht das allgemeine Ziel darin, in ästhetisch angenehmem Schwarz und Weiß ein gleichförmiges Gewebe aus Wörtern zu erzeugen. Die Buchstabenformen sorgfältig zu studieren und deren Aufbau zu verstehen, wird Ihnen helfen dieses Ziel zu erreichen. Haben Sie sich eine gewisse Fertigkeit angeeignet, können Sie schon mit etwas mehr Phantasie und Kreativität arbeiten.

Es gibt viele Schriftvarianten, die für eine kalligraphische Arbeit in Frage kommen, und oftmals wird man durch die Worte des Textes selbst zu einem Farbwechsel oder zu Illustrationen angeregt. In jedem Fall können Aufbau, Strichstärke und Höhe der Buchstaben verändert und ausprobiert werden.

Das Verhältnis von Federbreite zu Buchstabenhöhe, mit dem Sie sich beschäftigen werden, gilt für Sie nur so lange als Regel, bis Sie verstanden haben, was beim Schreiben mit den Buchstabenformen geschieht. Danach können die Regeln wohlüberlegt und dem Zweck entsprechend verändert werden. Eine andere Strichstärke der Buchstaben kann dem Text eine neue Wirkung verleihen, da sich mit der Strichstärke auch der Raum um die Buchstaben herum und die Binnenform ändern.

Eine kleinere Höhe in Federbreiten macht das Textbild dichter, eine größere Höhe gibt den Buchstaben mehr Raum und lässt sie leichter erscheinen. Komprimieren Sie die Buchstabenbreiten mit dem umgebenden Raum und beobachten Sie, was mit einer Zeile geschriebenen Textes geschieht. Schreiben Sie die gleichen Buchstaben als Block um zu sehen, wie unterschiedlich sie erscheinen können. Die Wörter können auseinander gezogen, vergrößert oder schmaler gemacht werden. Einen Text kann man sich ausbreiten, sich straffen oder tanzen lassen. Experimentieren Sie mit der Schrift – analytisch, konstruktiv und konsequent.

Diese tanzenden, geschwungenen Kursivbuchstaben bilden eine interessante Spirale, vermischen und bewegen sich dabei miteinander um ein fließendes Design zu bilden. *Kalligraphie von Ros Pritchard.* ◀

Kalligraphische Alphabete **79**

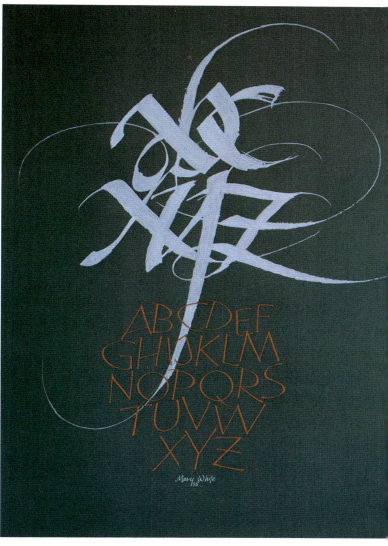

Dieses mit kühnem Schwung ausgeführte D ist voller Vitalität und Erregung. Geschrieben wurde es mit der Reißfeder und schwarzer Tusche. Einen zusätzlichen Reiz erhält es durch die fett ausgeführten Bereiche, die mit einer englischen Schreibfeder entstanden. *Kalligraphie von: Rachel Yallop.* ▲

In den kraftvollen, ineinander verwobenen oberen Buchstaben steckt Spannung, die zu dem klareren und sparsameren Design des darunter stehenden Alphabets führt. Das Blatt besteht aus zwei eigenständigen, charakteristischen Elementen. *Kalligraphie von Mary White.* ▶

Der phantasievolle Einsatz von Raum und Strichstärke lässt ein herrlich elegantes und raffiniertes Alphabet entstehen. *Kalligraphie von Peter Thornton.* ▼

Die frei geschriebene, komprimierte Kursive verleiht diesen Buchstaben einen starken, fast vertikalen Rhythmus. Die Einführung der übertrieben gerundeten Formen erzeugt einen interessanten Strukturwechsel. *Kalligraphie von Peter Thornton.* ▲

Die Wiedergabe eines Textes

Betrachten Sie einmal die gewebeartigen Strukturen im Schriftenkatalog und analysieren Sie die Veränderungen. Innerhalb eines Textes können unterschiedliche Strukturen geschaffen werden, mit denen sich eine Vielzahl von Ideen und Vorstellungen übermitteln lässt. Der kompresse Charakter der gotischen Schrift vermittelt ein geschlossenes Schriftbild, dagegen erzielen die zierlichen und eleganten Kursivbuchstaben einen anderen Eindruck.

Wir sind von allen Seiten von Strukturen und Rhythmen umgeben. Notieren Sie sich, was Sie sehen und fertigen Sie davon kleine Skizzen an. Heben Sie Ausschnitte von Zeitschriften und Zeitungen auf, fotografieren Sie Gegenstände, Beschriftungen und andere Dinge wie Stücke von buntem oder strukturiertem Stoff, farbige Papierbeutel und ungewöhnliche Papiersorten – kurz gesagt alles, was Sie interessiert und anregt. Le-

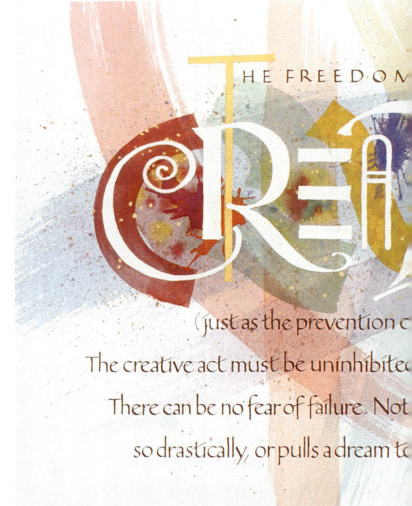

gen Sie sich eine eigene Bibliothek oder Sammelmappe mit Ideen an; das wird Ihr Bewusstsein für die Umgebung fördern. Lernen Sie zu beobachten und zu analysieren. Verwenden Sie das, was Sie entdecken, in Ihren Entwürfen.

Beschäftigen Sie sich mit den Arbeiten anderer Kalligraphen und Künstler aus Bereichen wie z. B. Seidensiebdruck, Textildruck, Weberei und Stickerei. Studieren Sie bei einer Strandwanderung das Muster der Kieselsteine oder fahren Sie aufs Land und schauen Sie sich die Strukturen an, die durch Hecken und Bäume entstanden sind. Beobachten Sie den Sonnenuntergang, analysieren Sie die Aufeinanderfolge der Farben – sehr blasses Blau, Bläulichrot und Blassgelb an den Rän-

Die Wiedergabe eines Textes **81**

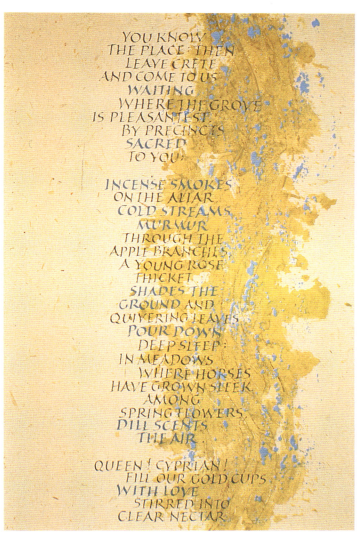

Der phantasievolle Einsatz von Farbe und Farbtechniken sowie die ungewöhnlichen Buchstabenformen übermitteln sehr gut den Text dieses Zitats von Albert J. Sullivan. Für das Schriftblatt wurden Aquarellpapier (Arches CP), Gouache und Abdecklack verwendet. *Kalligraphie von Timothy Botts.* ◀

Die Verwendung der Farbe steigert die Bedeutung des Textes in diesem Gedichtfragment der Sappho. Der feine Farbwechsel in der Schrift, frei geschriebenen kursiven Großbuchstaben, setzt sich über den gesamten Hintergrund fort. *Kalligraphie von Ros Pritchard.* ▲

dern. Werden sie vorsichtig und leicht vermischt, erscheinen orangefarbene Töne. Der Wechsel geht sehr fein und unmerklich vonstatten.

Betrachten Sie die kleinen Wellenkräusel auf dem Wasser und achten Sie darauf, wie sie verlaufen und welche Farbe sie haben. Wasser ist nur selten gänzlich blau – neben dem Blau gibt es auch braune, grüne und helle (weiße) Farbtöne. In der Natur können wir einfache Antworten und Lösungen finden, wenn wir bereit sind, danach zu suchen. Betrachten Sie einmal genau eine rote Rose und deren Laub. Die Blätter sind nicht grün, wie Sie zunächst sicher gedacht haben. Sie enthalten wie die Blüte viel Rot. Die rote Farbe durchdringt das Grün und verändert es an vielen Stellen.

Dieses schön gestaltete und ausgeführte Alphabet aus Großbuchstaben zeigt eine individuelle Kursivform, die außergewöhnlich lebhaft und fließend wirkt. *Kalligraphie von Werner Schneider.* ◀

Die Ästethik der Kalligraphie

Prinzipien der farblichen Gestaltung

Farben haben einen starken Einfluss auf unser Leben und unsere Art des Empfindens und Verhaltens. Rot lässt an Zorn, Erregung, Gefahr, Impulsivität und Leidenschaft denken. Blau kann auf Gelassenheit und Kaltblütigkeit hinweisen und Schwarz zeigt Nüchternheit und Förmlichkeit an.

Denken Sie an die Jahreszeiten: Grün steht für Frühling, Gelbtöne für den Sommer, Braun- und Rottöne für den Herbst und Blau und Grau für den Winter. Schon haben wir eine Palette von Farben um unsere geschriebenen Worte darzustellen.

Aus der Farbenlehre ist bekannt, dass Farben in stärkerem Maße Informationen vermitteln als Bilder in Schwarz und Weiß. Beobachten und vergleichen Sie einmal Ihre Reaktion auf eine sorgfältig geplante farbige Reklame und auf eine Werbung in Schwarzweiß.

Die Wirkung eines Werkes der bildenden Kunst kann durch Farben gesteigert werden. Farbe kann für die Schrift selbst, in Form von Randverzierungen, als feiner oder lebhafter Hintergrund oder als Illustration eingesetzt werden. Die vorsichtige und wohlüberlegte Verwendung von Farbe kann Harmonie schaffen, eine besondere Stimmung aufkommen lassen, eine Idee unterstreichen oder ein erregendes Gefühl gegenüber dem jeweiligen Gegenstand oder Thema erzeugen.

Wie erfolgreich Sie Farben in Ihren Arbeiten verwenden, hängt von Ihrem Wissen über Materialien und Techniken und davon ab, wie gut Material und Technik zum Gegenstand und zur Gestaltung passen.

Das Gestalten mit Farben

Leuchtende Farben ziehen die Aufmerksamkeit auf sich; helle, sanfte Farben können verschiedene Flächen eines Designs auf subtile Art verbinden. Wenn Sie beginnen, vermeiden Sie, zu viele Farben zu verwenden. Beschränken Sie sich stattdessen auf ein Maximum von drei Farben. Bei einer sehr gleichmäßigen und einfachen Schrift lassen sich zwei oder drei Farben einsetzen, ohne dass die Gestaltung überladen wirkt. Variiert die Schrift in ihrer Struktur, ihrer Stärke und der Buchstabenform jedoch stark, dann nehmen Sie nur eine Farbe. Zu viele Elemente schaffen Verwirrung und machen es schwer, den Blickpunkt einer künstlerischen Arbeit zu bestimmen. Der Blickpunkt ist das, was Sie mit Ihrem Werk aussagen wollen.

Ein kleines, zierliches Blatt im Hochformat mit einer ungezwungenen Kursiv, die mit indigofarbener Gouache und schwarzer Tusche geschrieben wurde. Die fein kolorierten Binnen- und Außenformen der Buchstaben sind mit Aquarellfarbe ausgeführt. Beachten Sie, wie die Größe und die freie Gestaltung der Buchstabenformen allmählich zunehmen. *Kalligraphie von Brian Walker.* ◀

Prinzipien der farblichen Gestaltung **83**

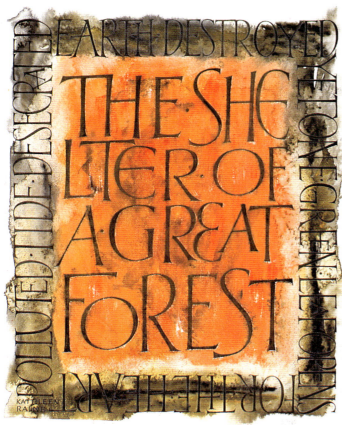

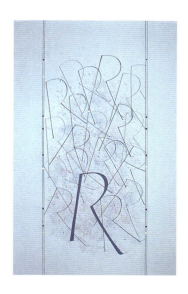

Ein sensibel gestaltetes Blatt im Hochformat, bei dem nur ein Buchstabe des Alphabets dargestellt ist. Die Linien sind schön und geordnet ausgeführt. Glanzpunkte auf dem zarten Hintergrund mit Kreuzschraffur sind die kleinen goldenen und farbigen Rechtecke. *Kalligraphie von Gaynor Goffe.* ▶

In dieser ungewöhnlichen Arbeit schaffen große gerissene Papierformen einen deutlichen Kontrast zu den dünnen, schön ausgeführten Großbuchstaben und deren zierlichen Serifen. *Kalligraphie von Brian Walker.* ▼

Als Anregung für diese lebhafte, dramatische Wiedergabe eines Gedichts von Kathleen Raine dienten die russischen Ikonen. Das Schriftblatt erscheint in seiner Struktur nahezu dreidimensional. Die Buchstaben sind auf einen Wasserfarbenüberzug mit der Feder gezeichnet und ausgemalt. *Kalligraphie von Polly Morris.* ▲

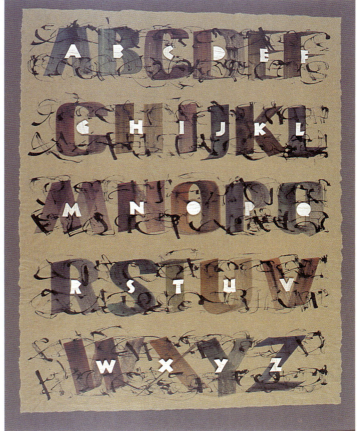

Fette, frei geschriebene Großbuchstaben. Die feinen Farbwechsel in den Buchstaben wie auch der strukturierte Hintergrund erhöhen den Reiz dieser Arbeit. Ein Kontrast entsteht durch die kleineren, weißen Buchstaben. *Kalligraphie von Godelief Tielens.* ▲

Die Ästhetik der Kalligraphie

Die Wahl und das Mischen der Farben

Die Vielfalt an Farben und Schreibflüssigkeiten in einem Geschäft für Künstlerbedarf ist regelrecht überwältigend. Sämtliche Hilfsmittel – Wasserfarben, Gouache, Akryltuschen, Pastellkreiden, Stifte, Aquarellstifte – lassen sich in der Kalligraphie benutzen. Bei einiger Erfahrung kann man sie auch kombiniert einsetzen. Die Hersteller bringen den Großteil ihrer verschiedenen Sortimente aufeinander abgestimmt auf den Markt, bieten sie jedoch nicht immer unter derselben Bezeichnung an.

Um das Mischen zu erleichtern, ist es ratsam, zunächst mit sechs Farben – mit zwei Rot-, zwei Blau- und zwei Gelbtönen – zu beginnen. Das erleichtert das Verständnis, wenn es darum geht, Farben zu mischen.

Wir unterteilen jede Primärfarbe im Wesentlichen in zwei Farben. Kadmiumrot enthält etwas Gelb (Orangerot) und im Krapprot befindet sich auch Blau (Bläulichrot). Ultramarinblau beinhaltet Rot (Rötlichblau) und Coelinblau weist etwas Gelb (Gelbblau) auf, Zitronengelb hat einen Anflug von Blau und Kadmiumgelb enthält eine kleine Menge Rot.

Der Farbkreis besteht aus Rot, Blau und Gelb, den drei Grund- oder Primärfarben, die so genannt werden, weil sie sich nicht durch Mischen anderer Farben herstellen lassen. Werden sie zu gleichen Teilen miteinander gemischt, entstehen drei Sekundärfarben. Rot und Blau ergeben Violett, Blau und Gelb werden zu Grün, Gelb und Rot lassen Orange entstehen. Wenn Sie mit den Farben nicht vertraut sind, versuchen Sie einmal Violett, Grün und Orange zu mischen.

Mischt man eine Primär- mit einer Sekundärfarbe, wird eine Tertiärfarbe erzeugt. Probieren Sie es selbst aus. Sie verfügen nun über zwölf verschiedene Farben.

Durch das Mischen von Farben, die im Farbkreis benachbart sind, erhalten Sie das reinste Orange, Violett und Grün. Deshalb bekommen Sie beispielsweise

Der Farbkreis

Der Farbkreis zeigt, wie sich sämtliche Farben von den drei Grundfarben Rot, Blau und Gelb ableiten lassen.

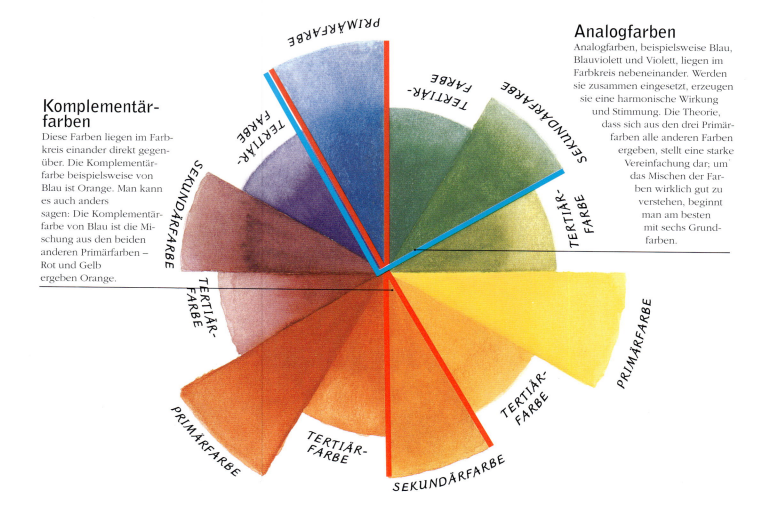

Komplementärfarben

Diese Farben liegen im Farbkreis einander direkt gegenüber. Die Komplementärfarbe beispielsweise von Blau ist Orange. Man kann es auch anders sagen: Die Komplementärfarbe von Blau ist die Mischung aus den beiden anderen Primärfarben – Rot und Gelb ergeben Orange.

Analogfarben

Analogfarben, beispielsweise Blau, Blauviolett und Violett, liegen im Farbkreis nebeneinander. Werden sie zusammen eingesetzt, erzeugen sie eine harmonische Wirkung und Stimmung. Die Theorie, dass sich aus den drei Primärfarben alle anderen Farben ergeben, stellt eine starke Vereinfachung dar; um das Mischen der Farben wirklich gut zu verstehen, beginnt man am besten mit sechs Grundfarben.

Prinzipien der farblichen Gestaltung **85**

Farbmischungen

Werden Farben nebeneinander gelegt, erkennen Sie genau deren Tendenz, wie es die Graphik links nebenan veranschaulicht. Die abgebildeten Proben zeigen, wie sich die Wahl der Primärfarbe auf die Mischung auswirkt. Jene, die im Farbkreis am nächsten beieinander liegen, erzeugen satte Sekundärfarben, während die am weitesten voneinander entfernten Farben neutrale Töne bilden.

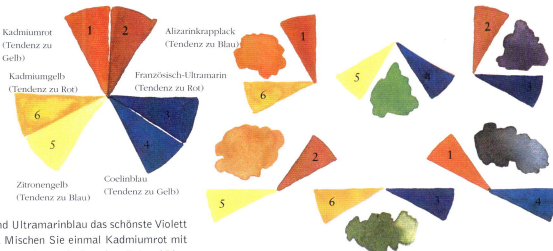

aus Krapprot und Ultramarinblau das schönste Violett oder Purpurrot. Mischen Sie einmal Kadmiumrot mit Coelinblau und Sie werden entdecken, dass Rot und Blau kein Purpur ergeben. Diese Mischung erzeugt abhängig vom Anteil beider Farben ein warmes Grau oder Braun. Probieren Sie verschiedene Mischungen aus. Notieren Sie, welche Farben Sie dabei verwendet haben und wie das Ergebnis aussah, und heben Sie die Notizen auf. Komplementärfarben erzeugen beispielsweise optische Schwingungen. Grüne Buchstaben auf rotem Grund lassen sich nur schwer lesen, da sie einander neutralisieren, wenn die Farben in gleicher Menge vorhanden sind. In kleinen Mengen eingesetzt, können sie jedoch vorteilhaft erscheinen, da sie das Schriftblatt dann gewissermaßen schwingen lassen.

Wasserfarben

Wasserfarben eignen sich gut für subtile Illustrationen oder für Hintergrundüberzüge, da sie nach dem Auftragen im Allgemeinen transparent sind. Auch wenn sie als Schreibflüssigkeit für die Feder verwendet werden, erscheinen sie dünn und erzeugen einen leicht wässerigen Effekt.

Gouachefarben

Gouachefarben sind im Grunde das gleiche wie Wasserfarben. Sie unterscheiden sich von diesen allerdings durch weiße Pigmente oder Füllstoffe, die zugegeben werden um die Farben deckfähig zu machen, was wiederum einen dichteren flächenhaften Farbauftrag ermöglicht. Gouachefarben werden von Graphikdesignern bevorzugt; sie eignen sich ausgezeichnet zum Schreiben mit der Feder und für leuchtend farbige Illustrationen. Sie neigen jedoch zu Streifenbildung, wenn sie als dünner Überzug mit dem Pinsel aufgetragen werden. Durch Erfahrung werden Sie mit den Eigenschaften der Farben immer besser umgehen können.

Akryltuschen

Der Einsatz von Akryltuschen für farbige Arbeiten ist relativ neu. Obwohl diese Tuschen für das Schreiben kleiner Buchstaben meist zu dünn sind, wirken sie sehr gut, wenn man mit größeren Federn schreibt, besonders dann, wenn sie wie Wasserfarben gemischt werden. Auf den Beschreibstoff aufgetragen, zeigen sie Leuchtkraft und Beständigkeit. Sie ergeben zudem einen guten, haltbaren Hintergrund, der sich gut beschreiben lässt. Sie können stark verdünnt als Überzüge oder direkt für kräftige Effekte verwendet werden.

Unterschiedliche Schreibflüssigkeiten

Schreiben Sie Ihre Buchstaben mit verschiedenen Schreibflüssigkeiten, damit Sie sich ein Urteil über die Qualität der Farben und Tuschen bilden können. Das mit Wasserfarbe ausgeführte A wirkt transparent. Das mit Akryltusche geschriebene B sieht glänzend und glatt aus und ist wasserfest. Das C aus blauer Gouache weist eine stumpfe, matte und dichtere Farbe auf.

86 Die Ästethik der Kalligraphie

Das Schreiben mit Farben

> **MATERIAL**
>
> Farben in Tiegeln oder Tuben
>
> Wasser
>
> Malpinsel
>
> Federhalter mit abnehmbarer Feder
>
> Mischpalette
>
> Papier
>
> Pastellkreiden

1 Mischen Sie die Farbe mit so viel Wasser, dass sie die Konsistenz von Kaffeesahne bekommt und damit dickflüssiger als Tusche ist. Rühren Sie genügend Farbe an; sie muss bis zum Ende reichen. Das gilt vor allem, wenn zwei Farben gemischt werden, da es schwierig ist, denselben Farbton anhand eines Vergleichs mit dem bereits Geschriebenen noch einmal zu treffen – die getrocknete Farbe hat einen anderen Ton als feuchte.

2 Füllen Sie die Schreibfeder von der Seite oder von unten mit Hilfe des Malpinsels. Wird die Farbe von oben auf die Feder gegeben (wenn sich das Reservoir nicht an der Oberseite befindet), fließt die Farbe beim Schreiben nicht gleichmäßig, sondern kleckst.

3 Beginnt die Farbe dünn zu werden, füllen Sie mit dem Malpinsel wie oben beschrieben Farbe nach. Verwenden Sie zum Schreiben zwei oder drei Farben, können Sie sehr interessante Effekte erzielen.

4 Bevor Sie die Farbe wechseln, spülen Sie den Malpinsel aus (oder verwenden besser einen anderen) und füllen die Feder erst dann mit der neuen Farbe. Die ursprüngliche und diese zweite Farbe vermischen sich beim Schreiben und schaffen so einen allmählichen Übergang, der, falls nicht eine deutliche Trennung beabsichtigt ist, in der Regel besser wirkt als ein abrupter Wechsel.

5 Auf dieselbe Weise lassen sich weitere Farben einsetzen, mit denen Sie weiche Farbübergänge schaffen können.

Prinzipien der farblichen Gestaltung **87**

6 Probieren Sie beim Schreiben auch Analogfarben aus, die wie beispielsweise Orangegelb und Kadmiumrot, im Farbkreis nebeneinander liegen.

7 Stellen Sie unterschiedliche Schattierungen einer Farbe, beispielsweise von Dunkel- zu Hellblau, her, indem Sie dem Blau weiße Farbe hinzufügen.

8 Schreiben Sie mit zwei Komplementärfarben – mit Blau und Orange, Rot und Grün oder Gelb und Purpur. Damit erzeugen Sie eine lebendige Wirkung.

9 Hier wurden Orange und Blau eingesetzt und dann Pastellkreide in derselben Farbe darüber gestäubt, um den Aufbau hervorzuheben.

Die Gestaltung eines farbigen Hintergrundes

Soll eine kalligraphische Arbeit keinen weißen, sondern einen andersfarbigen Hintergrund haben, kann koloriertes Papier verwendet werden. Um den Reiz eines einfarbigen Hintergrundes zu erhöhen und einen Kontrast zu schaffen, schneiden oder reißen Sie Papierstücke zurecht, die Sie mit PVAC-Kleber oder anderem Leim auf das Papier kleben. Sie können auf diese Weise eine ganze Collage gestalten und darauf Ihren Text schreiben. Ein farbiger Hintergrund kann auch mit Hilfe von Farbe oder Tusche hergestellt werden.

Lavieren des Hintergrunds

Eine Hintergrundfarbe durch Lavieren herzustellen, erfordert etwas Übung, damit Sie sich mit allen Möglichkeiten vertraut machen können. Zum Lavieren brauchen Sie viel Wasser, das das Papier wellig macht, wenn es zu leicht ist. Dünnes Papier muss vor dem Lavieren gespannt werden.

Schablonen

Der Hintergrund kann auch mit Hilfe von Schablonen und Pastellkreiden gestaltet werden. Schneiden Sie z. B. aus Pappe Formen aus und versehen Sie Ihr Schreibpapier mit sich wiederholenden Mustern. Die Pastellkreide kann ohne Fixiermittel aufgetragen und die Oberfläche problemlos beschrieben werden.

Blei- und Farbstifte

Auf dem Schreibpapier werden mit Bleistift, Farbstiften oder Aquarellstiften sorgfältig Farbschichten als Hintergrund aufgetragen. Es eignen sich besonders Aquarellstifte, deren Farbe trocken aufgetragen und erst zum Schluss, wenn das Schriftblatt fertig ist, mit einem nassen Pinsel angefeuchtet wird. Wird nicht die gesamte Flächen übermalt, entsteht eine interessant wirkende Oberfläche.

Radiergummistempel

Für einen solchen Stempel wird mit einem Papier- oder Linolschnittmesser ein Muster in einen Radiergummi geschnitten. Der fertige Stempel wird auf einem mit Farbe oder Tusche getränktes Stempelkissen eingefärbt und zu einem sich wiederholenden Muster auf das Schreibpapier gedrückt. Geeignet ist jedes kleine Motiv. Denken Sie beim Stempelschneiden daran, dass das Muster auf dem Papier seitenverkehrt gedruckt wird. Die herausgeschnittenen Flächen bleiben beim Drucken weiß; farbig erscheinen nur die erhabenen Teile des Stempels.

Mit einem Radiergummistempel, der mit Farbe oder Pastellkreiden eingefärbt ist, können auch Flächen eines Schablonenmusters zusätzlich verziert werden. Achten Sie auf die Gesamtwirkung des Bildschmuckes auf Ihrer kalligraphischen Arbeit. Die Illustrationen oder Motive dürfen für die Gestaltung nicht zu groß oder zu zahlreich sein und sollten auch nie zum Schluss eingefügt werden um leere Stellen auszufüllen. Motive, Randleisten oder Illustrationen müssen bereits bei der Planung des Entwurfs berücksichtigt werden.

Eingefärbtes Papier

Papier kann auch koloriert werden, indem man es in eine kochende Farblösung taucht. Die Färbung weist dann häufig interessante Abweichungen auf, die wahrscheinlich durch die Bewegung der kochenden Lösung auf der Papieroberfläche entstehen. Hat das Papier einige Minuten in der Farbe gelegen, muss es abgewaschen und zwischen Löschpapierblättern getrocknet werden.

Hier wurde der Aquarellhintergrund erst nach dem Beschreiben des Blattes aufgetragen. Um eine Strukturwirkung zu erzeugen, wurde grobkörniges Meersalz auf die feuchte Farbe gestreut.

Die Gestaltung eines farbigen Hintergrundes 89

Das Spannen des Papiers für die Lavierung

MATERIAL

Papier

ein Arbeitsbrett
(Span-/Faserplatte mittlerer
Dichte oder Sperrholz)

Ausgussbecken oder Schüssel

ein Schwamm

braunes gummiertes Papierband

1 Verwenden Sie ein Brett, das etwas größer als das Papier ist, damit Platz für das Klebeband bleibt.

2 Legen Sie das Papier flach in kaltes oder lauwarmes Wasser ein. Lassen Sie es einige Minuten darin liegen, damit es richtig nass wird.

3 Heben Sie das Papier an zwei Ecken aus dem Wasser. Lassen Sie das restliche Wasser ablaufen. Legen Sie das Blatt langsam auf Ihr Arbeitsbrett, damit keine Luft zwischen Brett und Papier bleibt.

4 Tupfen Sie das Papier mit einem Schwamm ganz vorsichtig ab. Arbeiten Sie bei großen Bögen stets von der Mitte nach außen. Vermeiden Sie jeglichen Druck auf den Schwamm, damit die Papieroberfläche nicht beschädigt wird.

5 Schneiden Sie vier Streifen gummiertes Papierband zum Befestigen des Blattes zurecht. Befeuchten Sie die Streifen mit einem nassen Schwamm.

6 Befestigen Sie zunächst eine, dann die gegenüberliegende Seite Ihres Blattes. Lassen Sie die Papierstreifen 10–15 mm über den Rand des Blattes hinausreichen und drücken Sie sie fest an.

7 Sind alle vier Seiten angeklebt, legen Sie das Brett flach und abseits von direkter Wärme hin, damit das Papier trocknen kann. Das Papier wird erst dann vom Brett abgenommen, wenn alle späteren Überzüge oder Hintergrundbemalungen fertig und trocken sind.

90 Die Ästhetik der Kalligraphie

Lavieren

MATERIAL

Gespanntes Papier
(siehe S. 89)

breite weiche Malpinsel

Wasserfarben

viel Wasser

Palette mit hohem Rand oder
Gefäße zum Anrühren der Farbe

sauberes Wasser zum Spülen
der Pinsel

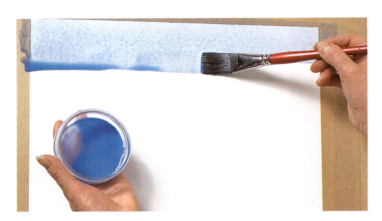

1 Heben Sie das obere Ende des Brettes um 30–40 mm an. Das gedehnte Papier bleibt auf dem Brett. Rühren Sie in einem Gefäß Ihre Farbe mit viel Wasser an. Tauchen Sie einen breiten weichen Pinsel in die verdünnte Farbe und ziehen Sie ihn horizontal über den oberen Teil Ihres Blattes. Setzen Sie den Pinsel erst am gegenüberliegenden Rand ab.

2 Tauchen Sie den Pinsel erneut in die Farbe. Ziehen Sie nun einen zweiten Strich quer über das Blatt, der den ersten leicht überlappt. Arbeiten Sie auf diese Weise weiter, bis Sie den unteren Blattrand erreicht haben.

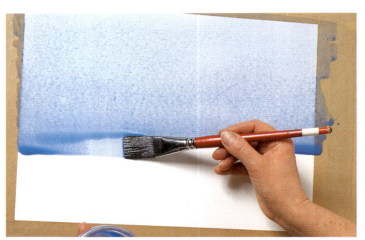

3 Bessern Sie keine ausgelassenen Flächen aus. Damit keine Streifen entstehen, muss jeder Strich mit so viel Flüssigkeit ausgeführt werden, dass an dessen Unterseite eine lange Farblache entsteht. Übermalen Sie diese Lache teilweise, damit die Striche miteinander verschmelzen.

4 Haben Sie den unteren Rand erreicht, spülen Sie den Pinsel aus, streifen das restliche Wasser ab und streichen über die Farblache des letzten Striches um so die überschüssige Farbe vom Papier abzunehmen. Legen Sie das Brett wie zuvor flach zum Trocknen hin. Soll die Farbe dunkler sein, wiederholen Sie die Prozedur.

Die Gestaltung eines farbigen Hintergrundes **91**

Abgestufte Lavierung

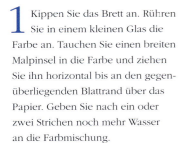

1 Kippen Sie das Brett an. Rühren Sie in einem kleinen Glas die Farbe an. Tauchen Sie einen breiten Malpinsel in die Farbe und ziehen Sie ihn horizontal bis an den gegenüberliegenden Blattrand über das Papier. Geben Sie nach ein oder zwei Strichen noch mehr Wasser an die Farbmischung.

2 Setzen Sie die Arbeit bis zum unteren Rand fort und geben Sie dabei nach jedem Pinselstrich erneut Wasser an die Farbe.

3 Die Farbe muss zum unteren Rand hin immer heller erscheinen.

4 Beenden Sie die Arbeit, indem Sie die wässerige Farbe mit dem feuchten Pinsel aufnehmen. Legen Sie das Brett flach hin. Sind Sie nach dem Trocknen des Papiers mit Ihrem Werk zufrieden, nehmen Sie das Blatt vom Brett ab. Sie können nun darauf schreiben.

Zweifarbige Lavierung

3 Lassen Sie die Farben in der Mitte ineinander laufen.

4 Steuern und verstärken Sie das Ineinanderlaufen der beiden Farben, indem Sie das Brett hin- und herdrehen. Legen Sie das Brett dann zum Trocknen flach hin.

1 Rühren Sie die beiden benötigten Farben getrennt voneinander in zwei Gefäßen an. Kippen Sie das Brett an und tragen Sie bis zur Mitte des Blattes einen Hintergrund mit einer der Farben auf.

2 Drehen Sie das Brett und tragen Sie wiederum bis zur Mitte einen Hintergrund mit der zweiten Farbe auf. In der Mitte, wo beide Farben aufeinander treffen, überlappen sich die Striche leicht.

92 Die Ästhetik der Kalligraphie

Gemischtfarbige Lavierung

1 Gehen Sie nach dem Nass-in-Nass-Verfahren vor. Weichen Sie das Papier dazu einige Minuten lang in Wasser ein. Es soll nicht mehr glänzen, sondern eher matt aussehen. Rühren Sie inzwischen drei oder vier Farben an. Tauchen Sie einen breiten Malpinsel (Nr. 8–10) in die erste Farbe ein und malen Sie damit einige Flächen auf Ihrem Papier aus; der Rest bleibt weiß.

2 Spülen Sie den Pinsel aus und tauchen Sie ihn in die zweite Farbe. Tragen Sie die Farbe auf die weißen Stellen auf. Beobachten Sie, wie die Farben ineinander übergehen.

3 Fügen Sie dort, wo es gewünscht wird, noch mehr Farbe ein. Dickflüssigere Farbe erscheint auf dem Papier leuchtender. Ist sie zu kräftig, dämpfen Sie sie durch Zugabe von Wasser. Auf diese Weise können Sie Menge und Tiefe der Farbe auf dem Hintergrund bestimmen. Werden bestimmte Farben miteinander vermischt, tritt eine Granulation ein. Probieren Sie das einmal mit Krapprot und Ultramarinblau aus.

4 Fügen Sie Komplementärfarben – in diesem Fall Purpur – hinzu um eine schwingende, pulsierende Wirkung zu erzielen. Reizvoller wird der Hintergrund, wenn Sie das Brett bewegen, damit die Farben auslaufen und ineinander übergehen. Die Farbe lässt sich mit feuchten Wattebällchen wieder entfernen.

5 Ist das Ergebnis nicht zufriedenstellend, dann feuchten Sie das noch nicht getrocknete Papier wieder an (vorzugsweise unter fließendem Wasser und mit einem Brausekopf) und entfernen die Farbe vorsichtig mit einem Schwamm. Tupfen Sie das restliche Wasser ab. Lassen Sie das Papier trocknen und beginnen Sie noch einmal.

Die Gestaltung eines farbigen Hintergrundes **93**

Das Einfärben von Papier

MATERIAL

Farbstoff (z. B. Batikfarbe)

Metallgefäß

Kochplatte zum Erhitzen des Wassers

Gummihandschuhe

Löschpapier

Handwalze

Schürze

Wasser zum Abspülen des Papiers

1 Farbiges Papier kann mit handelsüblichem Farbstoff hergestellt werden. Erwärmen Sie die Flüssigkeit in einer Metallschale, in die Sie das Papier flach einlegen können.

2 Mischen Sie die Flüssigkeit sorgfältig, damit das Papier gleichmäßig eingefärbt wird.

3 Tauchen Sie das Papier langsam und vorsichtig ein, möglichst ohne es dabei zu biegen. Die Färbeflüssigkeit ist heiß, und jegliche Beanspruchung wird die Papieroberfläche beschädigen.

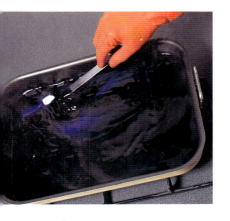

4 Lassen Sie das Papier je nach gewünschter Schattierung 1–15 Minuten in der Färbeflüssigkeit liegen. Durch praktische Erfahrung merken Sie bald, wie lange die Farbe für einen gewünschten Effekt auf das Papier einwirken muss. Eine helle oder streifige Färbung dauert nicht so lange wie eine dunkle Kolorierung.

5 Heben Sie das Papier an einer Ecke vorsichtig an und lassen Sie die überschüssige Farbe in die Schale tropfen. Spülen Sie das Blatt in einer anderen Schale sorgfältig ab. Jetzt können Sie ein weiteres Blatt einfärben.

6 Spülen Sie das Papier unter fließendem Wasser ab, bis von dem Blatt nur noch klares Wasser abläuft. Vermeiden Sie Spritzer; der Farbstoff macht Flecken.

7 Legen Sie das eingefärbte Blatt flach auf ein Löschblatt und drücken Sie das restliche Wasser mit einer Handwalze aus dem Papier heraus.

9 Lassen Sie das Blatt unter Druck trocknen. Legen Sie dazu über Nacht ein schweres Brett auf das Papier. Das völlig trockene Blatt lässt es sich sehr gut beschreiben.

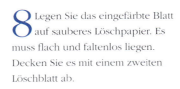

8 Legen Sie das eingefärbte Blatt auf sauberes Löschpapier. Es muss flach und faltenlos liegen. Decken Sie es mit einem zweiten Löschblatt ab.

94 Die Ästethik der Kalligraphie

Kaseinfarbe auf Papier

MATERIAL

Papier

Kreppband

Kaseinfarbe in verschiedenen Farbtönen

behelfsmäßige Palette

Handwalze

Kaseinfarbe wird mit der Handwalze auf das Papier aufgebracht um einen strukturierten, festen Hintergrund zu schaffen, auf dem man schreiben kann. Da die Farbe im trockenen Zustand wasserfest ist, können mehrere Farbüberzüge aufgetragen, verschiedene Farb- und Strukturschichten aufgebaut werden.

1 Befestigen Sie Ihr Papier mit Kreppband auf dem Brett. So können Sie die Handwalze fest andrücken, ohne dass das Blatt verrutscht.

2 Wählen Sie Ihre Farben aus und drücken Sie sie auf eine große, flache Schale, auf eine Glasplatte oder wie hier auf ein Blatt Papier, das nach Beendigung der Arbeit einfach entsorgt werden kann.

3 Vermengen Sie die Farben mit der Handwalze. Dabei entstehen interessante Mischungen. Rollen Sie die Walze nicht zu oft hin und her, da der Effekt sich abschwächt.

4 Setzen Sie die Walze auf das befestigte Blatt auf und rollen Sie sie auf dem Papier vorsichtig hin und her. Hat sich die Farbe von der Walze gelöst (was ziemlich schnell geht), unterbrechen Sie den Arbeitsgang.

5 Nehmen Sie mit der Walze neue Farbe auf und rollen Sie diese an einer anderen Stelle des Blattes ab. Wiederholen Sie. Die Farben dürfen nicht zu stark vermischt werden.

6 Bedecken Sie das Blatt auf diese Weise nach und nach mit Farbe. Um Strukturen und Muster herzustellen, rollen Sie die Walze in verschiedene Richtungen. Lassen Sie das Papier zum Schluss trocknen. Auf die beschriebene Weise können weitere Farben aufgetragen und so mehrere Schichten aufgebaut werden, die Sie dann beschreiben können.

Die Gestaltung eines farbigen Hintergrundes

MATERIAL

Papier
Pastellkreiden
Papiermesser
Wattebällchen aus Baumwolle
Fixiermittel (nach Wunsch)
Radiergummi

Pastellkreiden auf Papier

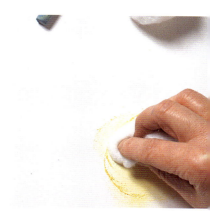

1 Pastellkreiden werden verwendet um ohne flüssige Farbe einen weichen, gedämpften Hintergrund zu schaffen. Tragen Sie die Pastellkreide direkt auf das Papier auf, entstehen Linien und Streifen. Sollen verschiedene Töne ineinander übergehen, schaben Sie mit dem Papiermesser eine kleine Menge Pastellkreide auf das Blatt. Sie können die erforderliche Farbmenge stattdessen auch an ein Wattebällchen reiben.

2 Reiben Sie die Kreide mit einem Wattebällchen sacht in die Papieroberfläche ein. Führen Sie das Wattebällchen kreisförmig über das Papier; so entstehen keine unerwünschten Linien und Sie können die Verteilung der Kreide besser regulieren. Drücken Sie die Watte fest an um die Farbe richtig in das Papier einzuarbeiten. Sie können auch ein Fixiermittel verwenden.

3 Wird noch mehr Kreide zugegeben, verreiben Sie sie ebenfalls mit kreisförmigen Bewegungen. Die Farben gehen so einfacher und schöner ineinander über. Entfernen Sie überschüssige Farbe mit einem Radiergummi. Die Bleistiftlinien, die erst nach dem Beschreiben des Blattes entfernt werden, hinterlassen weiße Stellen, auf die dann mit Wattebällchen Pastellkreide aufgetupft wird.

4 Mit dieser Methode des Papierfärbens lassen sich sehr feine Farbübergänge schaffen. Wird die Pastellkreide fest in das Papier eingerieben, erübrigt sich die Verwendung eines Fixiermittels. Das Schreiben mit der Feder auf einer solchen Oberfläche ist angenehm, da die Schreibflüssigkeit nicht auseinander läuft und die Farben erhalten bleiben.

Das Schreiben auf frisch aufgetragenem Hintergrund

1 Rühren Sie eine kleine Menge Tapetenkleister an und mischen Sie etwas Farbe darunter; hier wurde Gouachefarbe direkt aus der Tube zugegeben. Verteilen Sie die Masse mit einem Stück Pappe frei auf dem Papier. Streichen Sie sie in mindestens zwei Richtungen auf, damit das Papier gut bedeckt wird. Schreiben Sie z. B. mit einem Radiergummi Zeichen oder Buchstaben auf die frisch gestrichene Fläche.

2 Hier wurde als Hintergrund nur eine Farbe verwendet, und die Schrift lässt das weiße Papier darunter erkennen. Die feuchte, glatte Oberfläche ermöglicht freie Schreibbewegungen. Entspricht das Ergebnis nicht Ihren Erwartungen, wiederholen Sie den Arbeitsgang. Die beim Auftragen entstandene Struktur sinkt während des Trocknens flach zusammen, doch an den Rändern der Buchstaben und Zeichen entsteht eine Art Schatteneffekt.

Gestaltung mit Schablonen

MATERIAL

Papier
Bleistift
Klebeband
Schneidunterlage
Azetatfolie
Papiermesser
Pastellkreiden

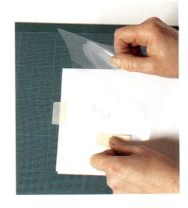

1 Zeichnen Sie ein Muster auf ein Blatt Papier. Hier wird eine einfache Blütenform verwendet. Fällt Ihnen das Zeichnen schwer, pausen Sie irgendwo ein Motiv ab. Übernehmen Sie nur die Umrisse und halten Sie die Formen so einfach wie möglich.

2 Befestigen Sie das Blatt mit Klebeband auf der Schneidunterlage oder auf einem Stück dicker Pappe, damit es nicht verrutscht und der Tisch geschont wird. Legen Sie ein Stück Azetatfolie darüber und befestigen Sie es gut mit Klebeband.

3 Schneiden Sie das Muster mit dem Papiermesser sorgfältig aus. Die herausgeschnittenen Flächen ergeben das Muster, das dann in Pastellkreide ausgeführt wird.

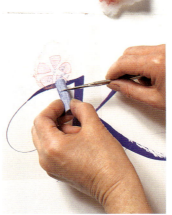

6 Schaben Sie eine zweite Farbe auf das Muster. Heben Sie die Folie ab und sehen Sie sich das Ergebnis an.

7 Legen Sie die Schablone an einer anderen Stelle an und wiederholen Sie den Arbeitsgang, bis Ihr Blatt die gewünschte Gestaltung aufweist. Sie können dabei beliebig viele Farben verwenden. Nehmen Sie zum Verreiben der verschiedenen Kreiden stets ein sauberes Stück Baumwollstoff, damit die Farben nicht verdorben werden.

4 Mit dem Muster kann ein einzelner Buchstabe oder das gesamte Schriftblatt geschmückt werden. Benutzen Sie statt Pappe oder einer herkömmlichen Schablonenform ein Stück Azetatfolie, können Sie genau erkennen, wo jedes einzelne Muster aufgelegt werden muss. Legen Sie die Folie an die entsprechende Stelle und kleben Sie sie fest. Schaben Sie mit dem Messer Pastellkreide auf das Muster.

5 Reiben Sie die Kreide zunächst nur leicht, dann mit festem Druck durch die Schablone.

Die Gestaltung eines farbigen Hintergrundes **97**

MATERIAL

Weicher Bleistift

Papier

Radiergummi

Linolschnittmesser

Stempelkissen

Filzstifte

Gestaltung mit Radiergummistempeln

1 Zeichnen oder pausen Sie mit einem weichen Bleistift ein Muster auf ein Stück Papier. Halten Sie das Muster einfach, damit es problemlos ausgeschnitten werden kann.

2 Das Muster kann auch direkt auf den Radiergummi gezeichnet werden. Ansonsten legen Sie das Papier mit der Oberseite auf den Gummi und ziehen es nach, damit sich die Bleistiftlinien auf dem Radiergummi abzeichnen.

3 Denken Sie daran, dass das Muster beim Drucken seitenverkehrt erscheint. Die herausgeschnittenen Flächen bleiben weiß, die erhabenen Musterteile werden eingefärbt. Schneiden Sie das Muster mit einem Linolschnittmesser vorsichtig aus. Ziehen Sie das Messer dabei immer von Ihren Fingern weg.

4 Drücken Sie den Radiergummi auf das mit Tusche getränkte Stempelkissen und dann auf das Papier. Das Muster auf dem Radiergummi kann auch mit Filzstift bemalt und dann auf das Papier gestempelt werden.

5 Mit dem Radiergummistempel lassen sich problemlos fortlaufende Randmuster drucken. Farbwechsel machen die Verzierung interessanter.

6 Mit Radiergummistempeln können auch zarte Blattmuster und Blüten als kleine Motive für Briefköpfe und für Karten hergestellt werden. Die Stempel lassen sich immer wieder und in den unterschiedlichsten Zusammenstellungen verwenden.

98 Die Ästethik der Kalligraphie

Gestaltung mit Abdecklack

MATERIAL

Papier

Abdecklack

alter Malpinsel, Pappe
oder Wattetupfer

Farbe

1 Bei dieser Art der Hintergrundgestaltung wird der Umstand genutzt, dass Farbe nicht an Stellen haftet, auf die zuvor Abdecklack aufgetragen worden ist. Benutzen Sie als Schreibwerkzeug einen alten Malpinsel, ein Stück Pappe oder Wattestäbchen. Auch Metallfedern eignen sich gut, müssen allerdings häufig gereinigt werden, damit sie nicht verstopfen.

2 Der getrocknete Abdecklack sieht matt aus. Tragen Sie darauf Ihre Farbe auf. Überziehen Sie das ganze Blatt und nehmen Sie dabei stets reichlich Farbe auf den Pinsel.

3 Solange die Farbe feucht ist, können Sie eine weitere Farbe hinzufügen. Da beide ineinander verlaufen, sollten Sie Farben wählen, die gut zusammenpassen. Sind Sie mit Ihrer Arbeit zufrieden, lassen Sie das Blatt völlig trocken werden.

4 Reiben Sie den Abdecklack mit leichten kreisenden Bewegungen des Zeigefingers ab. Der Lack muss sich in gummiartigen Fäden lösen. Achten Sie darauf, dass die Oberfläche nicht durch zu starkes Reiben beschädigt wird – besonders dann, wenn Sie mit dieser Gestaltungsmethode eine bestimmte Hintergrundstruktur erzeugen wollen.

Gestaltung mit Spritzmalerei

MATERIAL

Papier

Tusche oder Farbe

Zahnbürste

Laubblätter oder ausgeschnittene Schmuckformen

Schürze oder alte Zeitungen zum Schutz vor Farbflecken

Diese Art der Spritzmalerei ist eine vereinfachte Form des Airbrushs. Damit lassen sich sehr reizvolle Effekte erzielen. Tauchen Sie eine Zahnbürste in Tusche oder Farbe ein. Ziehen Sie die Zahnbürste zügig über eine Linealkante o. ä.

1 Die auf Ihr Blatt gelegten Papierabschnitte oder Laubblätter hinterlassen Muster und Silhouetten, die nach dem Abnehmen der Abschnitte oder Blätter in der Farbe des Hintergrundes erscheinen. Die umgekehrte Farbwirkung erreicht man mit Schablonen.

2 Nehmen Sie nach dem Aufsprühen der Farbe vorsichtig und ohne die Farbe zu verwischen die Blätter ab. Sie können auch mehrere gesprenkelte Schichten herstellen und die Laubblätter mit jeder Schicht verrücken.

3 Haben Sie sich mit der Gestaltungsmethode richtig vertraut gemacht, versehen Sie den dekorativen Hintergrund mit einem geeigneten Text. Bei unserem Beispiel würde sich ein Gedicht über den herbstlichen Blätterfall eignen.

Die Gestaltung eines farbigen Hintergrundes 99

MATERIAL

Einfarbiges und koloriertes Papier

Federn

Tusche oder Farbe

Leimstift

Mit der Feder gezeichnete dekorative Kanten

Sich wiederholende Striche und Bögen können sehr interessante und dekorative Kanten und Randleisten bilden. Anregungen dazu können Sie oftmals von den Buchstabenformen erhalten, die Sie in einem Text verwenden.

1 Experimentieren Sie mit den Formen, aus denen sich Buchstaben zusammensetzen; mehrmals wiederholt, können sie sehr wirkungsvoll aussehen. Probieren Sie das gleiche Muster andersherum aus, indem Sie Ihr Blatt einfach umdrehen.

2 Drehen Sie das Blatt um 90°, sobald die Zierkante an eine Ecke heranreicht und setzen Sie Ihr Muster fort. Ist das Muster sehr kompliziert, unterbrechen Sie es an den Ecken und lassen eine Lücke, die am Ende mit einer anderen Form ausgefüllt wird.

3 Sind die dekorativen Elemente fertig gezeichnet – hier wurden die äußeren Halbkreise durch Quadrate ergänzt –, schließen Sie das Muster an den Ecken mit einer passenden Form. Hier wurde ein Kreis als Abschluss gewählt.

Verschieden starke Federstriche

1 Ein Muster aus einfachen, sich wiederholenden Federstrichen kann vervollkommnet werden, indem man im Wechsel mit breiter Feder einen breiten, ausgefüllten und mit schmaler Feder einen zusammengesetzten Strich zeichnet. Eine zweite Farbe erhöht den Reiz des Musters.

2 Probieren Sie unter der einen Musterkante eine weitere, die in Farbe und Stil zur oberen passt. Wenn Sie Lust haben, fügen Sie noch weitere Muster hinzu.

Hintergrund aus Buntpapier

1 Auch Buntpapier lässt sich als Hintergrund verwenden. Hier wurde Buntpapier in gedämpften Farben benutzt. Zum Beschreiben wurden Streifen in ein und derselben Farbe gewählt um eine gewisse Gleichmäßigkeit zu wahren.

2 Achten Sie beim Schneiden bzw. Reißen und Anordnen der Streifen auf ein optisches Gleichgewicht der einzelnen Farben.

3 Streifen zum Schluss in der vorgesehenen Anordnung aufkleben.

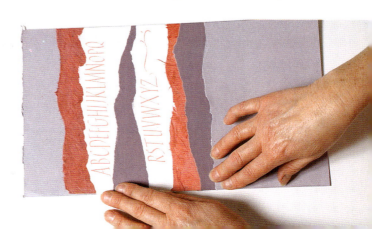

Das Auswählen der Schrift

Wenn Sie bereits mehrere Schriftarten beherrschen, wird es Ihnen mitunter schwer fallen zu entscheiden, welche für Ihre Zwecke am besten geeignet ist. Natürlich spielen auch persönliche Vorlieben eine Rolle, doch denken Sie beim Auswählen auch an den Zweck, den Ihr Schriftblatt erfüllen soll und an die Bedeutung der Worte, die Sie schreiben wollen. Die gotische Schrift z. B. ist sehr dekorativ, doch es wäre unklug, sie für eine dringliche Mitteilung zu verwenden, da sie sich schwer lesen lässt.

Moderne Stilrichtungen

Obwohl manche Schriftstile starke historische Bezüge haben, können sie alle auch bei Arbeiten mit modernem Charakter angewendet werden. Viele Versionen, die Sie im Schriftenkatalog (siehe S. 28) finden, lassen neuzeitliche Gestaltungen erkennen. Achten Sie jedoch darauf, dass Sie auf einem Schriftblatt nicht zu viele Stilarten mischen, da das Blatt dann verworren aussieht.

Die Kombination von Schriftstilen

Es ist in der Regel am besten, sich bei einer kalligraphischen Arbeit auf einen oder zwei verwandte Schriftstile festzulegen. Verschiedene Versionen ein und desselben Schriftstils verleihen einer Arbeit eine einheitlichere Wirkung als die gleiche Anzahl beliebiger anderer Schriften. Das hängt vor allem mit Ähnlichkeit der Buchstabenformen innerhalb einer „Schriftfamilie" zusammen.

Selbst wenn man in einem Text, der beispielsweise in humanistischer Kursive geschrieben wird, Abschnitte in anderen Stilvarianten und mit anderem Zeilenabstand einschiebt, wird das Ganze einheitlicher wirken als derselbe Text in einer Kombination aus Gotik, Unziale und englischer Schreibschrift.

Die klassische römische Capitalis und die auf ihr basierende Versalschrift harmonieren mit jeder anderen Form. Dekorative Versalien werden jedoch eher als sehr reizvolle Initialen und nicht in ganzen Wörtern verwendet. Welche Schrift am besten mit welchen Initialen zu verwenden ist, hängt von ihrem Stil ab:

- Römische Capitalis – karolingische Minuskel oder Foundational oder humanistische Kursive, wenn es sich um einen modernen Entwurf handelt.
- Einfache Versalschrift – wie bei römischer Capitalis.
- Unzialform der Versalschrift – Unziale oder Halbunziale.
- reich verzierter „lombardischer" Stil – gotische Schrift.

Die passende Schrift

Manche Schriften sind vielseitiger verwendbar als andere; die humanistische Kursive lässt sich so vielen Versionen anpassen, dass sie für nahezu jede Gelegenheit geeignet ist. Andere Schriften wiederum sind nur für spezielle Anlässe einsetzbar. Entscheiden Sie, ob Ihr Schriftprojekt einen formellen oder ungezwungenen Charakter hat.

Formelle Entwürfe

Ein Zeugnis oder eine formelle Mitteilung verlangt eine würdige, sorgfältig gestaltete, regelmäßige Schrift, die dem Dokument ein einheitliches Aussehen verleiht.

Römische Capitalis, Versalschrift, Foundational, formale humanistische Kursive (d. h. nicht die fast zusammengeschriebenen Buchstaben) oder einige Unzialformen und die maßvolleren Versionen der englischen Schreibschrift wären für formelle Anlässe vielleicht vorzuziehen.

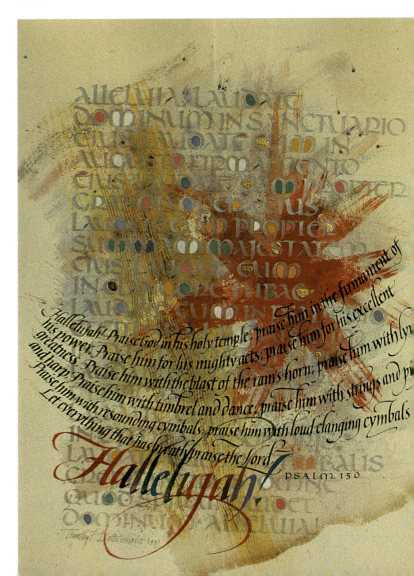

Ein Ausnahmefall, bei dem eine Kombination von Schriften nicht störend wirkt, da die relative Größe der Buchstaben ausgewogen ist. Beachten Sie die ungewöhnliche Platzierung des Blickpunktes am unteren Ende des Schriftblattes. *Kalligraphie von Timothy Botts.* ▶

Historische Bezüge

Mitunter steht der Text, den Sie für eine kalligraphische Arbeit ausgewählt haben, im Zusammenhang mit einem bestimmten Land oder einem früheren Zeitalter. In einem solchen Fall ist es angemessen eine Schrift zu verwenden, die mit diesem Land oder Zeitalter verknüpft ist. Sie finden hier einige Beispiele dafür (siehe auch Einführung, S. 6).

Römische Capitalis – eine Schrift mit klassischem, zeitlosem Charakter.

Unziale und Halbunziale – Bezug zum frühchristlichen Irland, Schottland und Nordengland. Es gibt außerdem eine schmalere angelsächsische Form der Halbunziale.

Dekorative Versalschrift – die „lombardischen" Versionen, traditionell nur als Initialen verwendet, passend zur gotischen Schrift.

Einfachere Versalschrift – ähnelt der römischen Capitalis und weist daher vielfältige Bezüge auf.

Karolingische Minuskel – eine elegante Schrift mit Bezug zu Frankreich.

Foundational – eine moderne Interpretation des 10. Jahrhunderts, spätkarolingischer Stil, hauptsächlich als formale, zeitgenössische Handschrift verwendet.

Gotische Schrift – Bezug zu Deutschland. Viele deutsche Kalligraphen verwenden noch heute frei gestaltete Versionen; die ausgeprägt dekorativen Formen stellen den Bezug zum Mittelalter her.

Bâtarde – Bezug zum spätmittelalterlichen Frankreich, stärker kursive Form der gotischen Schrift.

Humanistische Kursive – aus der Zeit der italienischen Renaissance. Die humanistischen Versionen wirken historisch, doch die Schrift ist aufgrund ihrer Vielseitigkeit heute die beliebteste Handschrift.

Englische Schreibschrift – Bezug zum 17. und 18. Jahrhundert. Ihre dekorativsten Formen sind mit der Zeit des viktorianischen England verknüpft, in der die Schrift mit gotischen Formen kombiniert wurde.

ABCDEFGHIJKLMN
Römische Capitalis

abcdefghijklmn
Unziale

abcdefgghijklm
Halbunziale

ABCDEFGHIJKLM
Versalschrift

abcdefghijklmnopqr
Karolingische Minuskel

abcdefghijklmn
Foundational

abcdefghijklmnopq
Gotische Schrift

abcdefghijklmnn
Bâtarde

abcdefghijklmnopqrst
Humanistische Kursive

𝒜ℬ𝒞𝒟ℰℱ𝒢ℋℐ
Englische Schreibschrift (Großbuchstaben)

102 Die Ästhetik der Kalligraphie

Gedichte und Zitate

Gedichte sind ein beliebtes Gestaltungsthema für Kalligraphen, da sie sich auch für das Auge interpretieren lassen, wenn man dafür eine Schrift wählt, die zur Stimmung des Gedichts passt, und sich sorgfältig mit der optischen Wirkung der Komposition beschäftigt.

Die humanistische Kursive eignet sich sehr gut für die kalligraphische Darstellung von Texten – ihre spitzen Versionen lassen an Zorn oder Kälte denken, während die weichen, gedehnten Formen freundlich und ruhig wirken.

Auch die karolingische Minuskel hat ein breites, lockeres Erscheinungsbild, und ihre hohen Oberlängen verlangen einen großen Zeilenabstand. Manche Formen der Halbunziale wie auch die freier geschriebener Versionen der Unziale zeigen lebhafte Bewegung, die gut zu heiteren Worten passt.

Die englische Schreibschrift erscheint sowohl maßvoll als auch lebhaft und kann für viele Gelegenheit anstelle der humanistischen Kursive verwendet werden.

Die Formen der Bâtarde sind schön und dekorativ und lassen sich in manchen Fällen leichter lesen als die gotische Schrift.

Verlangt ein Gedicht eine schwer und massiv wirkende Darstellung, dann passt die gotische Schrift, denn sie erfüllt diese Bedingungen. Mit sehr breiter Feder geschrieben, können die ebenmäßigen, fetten Striche, die mit gleich starken weißen Leerräumen wechseln, den Eindruck von Festigkeit und Stabilität hervorrufen – besonders dann, wenn die Zeilenabstände minimal sind.

Plakate

Plakate haben die Aufgabe, die Aufmerksamkeit auf sich zu ziehen und dann den „springenden Punkt" auf einen Blick erkennen zu lassen. Damit scheiden bereits viele Alphabete mit dekorativem Charakter aus, die für zweitrangige Informationen auf dem Plakat aber durchaus Verwendung finden können. Wichtig sind Schriftgröße und -stärke, denn das Plakat muss wirken. Gestalten Sie den Haupttitel mit nur geringen Zwischenräumen und in einer fetten Schrift; ordnen Sie die weiteren Informationen zu Gruppen, damit sie in ihrer logischen Abfolge gelesen werden können.

Fette Großbuchstaben, humanistische Kursive, fette Versalbuchstaben und Unzialformen fesseln das Auge. Für den Rest des Plakattextes sollten Sie eine kleinere, weniger fette Version oder eine verwandte Schrift wählen.

Eine experimentelle Arbeit mit aneinandergereihten Buchstabenformen. Die Größe der Buchstaben ändert sich abhängig von der Form des voranstehenden Buchstabens und vom Binnenraum.
Kalligraphie von Brian Walker. ▲

Glückwunschkarten

Bei manchen Karten bietet sich die Möglichkeit, zwanglos mit der Schrift zu spielen, Wörter zu einem Muster zu gruppieren oder zu wiederholen, einen Buchstaben oder ein Wort auf besondere Weise zu gestalten und Schmuckleisten einzufügen.

Die Art der Gelegenheit mag zwar die Wahl der Schrift beeinflussen, doch eigentlich sind Ihnen hier keine Grenzen gesetzt. Hier haben Sie Gelegenheit, mit ungewöhnlichen Kombinationen zu experimentieren und das Potenzial der Schriften zu erkunden, die Sie faszinieren. Finden Sie eine bestimmte Handschrift besonders reizvoll, die sich nicht für Ihren Zweck aber zu eignen scheint, vergrößern oder verkleinern Sie die Buchstaben um zu sehen, ob sich durch die Veränderung der Größe ein anderer Eindruck ergibt.

Die kreative, auf einem schlichten Hintergrund sorgfältig platzierte Schrift macht die Wirkung und den optischen Reiz dieser Glückwunschkarte aus. *Kalligraphie von Gillian Hazeldine.* ▶

Bücher

Haben Sie sich entschlossen, ein handgeschriebenes Buch herzustellen, wählen Sie eine Schrift, die auch in einer kleinen Größe gut aussieht und die Sie sicher beherrschen, so dass die Gesamtstruktur einen gleichmäßigen Eindruck macht.

Eine wichtige Rolle bei der Gestaltung eines Buches, in dem sich alle Seiten ähneln, spielen die Ränder und der Zeilenabstand. Vergrößern und Verkleinern Sie die Abstände probehalber und lassen Sie viel Platz für die Ränder.

Gebräuchliche Schriften für Bücher, die so genannten Buchschriften, sind die leicht lesbaren Minuskelschriften wie die humanistische Kursive und die Foundational (einschließlich der zahlreichen Versionen). Bestimmend für die Schriftwahl bleibt jedoch das Thema. Für eine altdeutsche Erzählung eignet sich eine gotische Schrift, und eine schottische Volkssage wirkt gut, wenn sie in Unzial- oder Halbunzialschrift wiedergegeben ist.

Ein perfektes Beispiel dafür, wie unterschiedlich 26 Buchstaben aussehen können. Die extravagant gestaltete englische Schreibschrift erscheint sehr fein und dekorativ. Die sinnliche, mit breiter Feder geschriebene Version weist als Kontrast feine Haarlinien auf und lässt die Struktur des Papiers erkennen. Beide Schriften haben eine atemberaubende Wirkung, beschwören jedoch unterschiedliche Stimmungen herauf. *Kalligraphie von Jean Larcher.* ▼

Das Illuminieren

Die Illumination und Verzierung von Handschriften hat eine lange Tradition in der Ausgestaltung religiöser Texte. Mit der Pracht der goldenen Buchschmuckes sollte Gott Ehre erwiesen werden.

In ganz Europa und im Nahen Osten existieren noch heute Tausende schöner Beispiele. Die traditionellen Materialien und Methoden für das Vergolden und Illuminieren waren 1500 Jahre lang in Gebrauch, was man als Zeichen ihrer Dauerhaftigkeit werten kann.

Initialbuchstabe „S" aus dem *Psalter von Jean Duc De Berry* aus dem 14. Jahrhundert.

Anregungen

Ideen und Anregungen für die Gestaltung sind in den meisten Museen und in den Sammlungen großer Bibliotheken zu finden, und sie zu studieren lohnt wirklich. Haben Sie dazu keine Möglichkeit, dann können Sie auf eine ganze Anzahl ausgezeichneter Bücher zurückgreifen. Zudem gibt es schöne Beispiele moderner Kalligraphie und Illumination, wobei das Vergolden heute eine andere Funktion hat als in früheren Zeiten. Dabei handelt es sich um handgearbeitete Kunstwerke, die nicht maschinell hergestellt werden können. Illuminierte Handschriften findet man auch in Kirchen, auf Ehrenlisten und Urkunden, und sie werden auch als Teil des Bildschmuckes für Werke der Prosa und Poesie verwendet.

Die illuminierten Handschriften weisen ausnahmslos eine Fülle von Farben, Mustern und Techniken auf. Solange Sie das Kalligraphieren noch erlernen, können Sie einen Buchstaben kopieren, ihn mit Hilfe von Pauspapier wiedergeben und nicht nur die Farbe passend wählen, sondern sich auch mit der Detaildarstellung beschäftigen. Sie können sich jedoch auch Ihre eigenen Beispiele schaffen, indem Sie Versalbuchstaben entwerfen, sich von alltäglichen Gegenständen sowie durch die Bäume und Pflanzen in der Natur zu Gestaltungsideen anregen lassen.

Gouachefarben

Sind sie mit einer bestimmten Kombination von Buchstaben und Muster zufrieden, pausen Sie sie auf hochwertiges heiß gepresstes Aquarellpapier. Das Papier mag zwar teuer erscheinen, doch das Ergebnis Ihrer Arbeit fällt entsprechend gut aus.

Für das Ausmalen des Designs sollten Gouache- oder Wasserfarben verwendet werden. Gouachefarbe, die der traditionellen Eitempera ähnelt, deckt besser als Wasserfarbe, so dass jeder Fehler einfach übermalt werden kann. Für das Illuminieren kann goldene Gouachefarbe verwendet werden, doch wenn die Fläche richtigen Glanz haben soll, kommt nur echtes Gold in Frage.

Das Illuminieren einer Arbeit bedeutet nichts weiter, als dass ein Bildwerk mit Gold oder einem anderen Edelmetall verziert wird.

Goldpulver oder Muschelgold

Goldpulver ist fein gemahlenes, mit Gummiarabikum vermischtes Gold. Da es ursprünglich in Muschelschalen gemischt wurde, heißt es auch Muschelgold. Heute wird es in Tablettenform in kleinen Paletten verkauft. Das Goldpulver wird mit einer Feder oder einem Pinsel wie Farbe aufgetragen. Es ergibt eine Flachvergoldung, die sich für Hintergründe, Punkte oder filigrane Muster eignet. Die vergoldeten Flächen glänzen zwar, leuchten aber nicht.

Blattgold und Goldfolie

Blattgold ist zu sehr dünnen Folien ausgehämmertes 23 1/4-karätiges Gold, das man in Heftchen zu je 25 Blatt erhält. Da es auf Pergament oder Papier nicht haftet, muss vor dem Vergolden ein klebendes Grundiermittel aufgetragen werden. Obwohl Blattgold sehr fein und

Das Illuminieren

daher schwierig zu verarbeiten ist, erzielt man damit doch die besten Ergebnisse. Goldfolie ist auf ein Trägerpapier aufgebrachtes Gold. Für Anfänger empfiehlt es sich, zum Vergolden solche Folien zu verwenden.

Grundiermittel

Damit das Gold auf Ihrem kalligraphischen Design haftet, muss zuvor ein Grundierleim aufgetragen werden. Die Buchmaler verwendeten dazu traditionell Gummiarabikum, ein klebendes Harz, mit dem sie nach dem Auflegen des Edelmetalls eine flache, leuchtende Vergoldung erzielten. Um einen hochglänzenden, erhabenen Effekt zu bewirken, bevorzugte man Gesso, eine auf Gips basierende Mischung. Sowohl mit Ammoniak-Gummiharz als auch mit Gesso kam man zu guten Ergebnissen, und so wurden beide Grundiermittel zum Illuminieren historischer Handschriften verwendet. Da die Vorbereitung allerdings recht aufwändig ist, sollten Sie sich besser einige praktische Erfahrungen mit modernen Bindemitteln aneignen.

Moderne Grundierleime

Die einfachsten Formen von Grundierleim sind PVAC und Akrylglanzmittel.

Ammoniak-Gummiharz und Gesso

Ammoniak-Gummiharz ist gebrauchsfertig erhältlich, lässt sich aber auch selbst einfach herstellen. Das getrocknete Rohharz hat ein körniges Aussehen und ist stark verunreinigt. Größere Stücke müssen vor dem Anrühren mit Wasser zerkleinert werden. Schütten Sie die fein zerkleinerten Stücke in ein kleines Glas, bedecken Sie sie knapp mit Wasser und rühren Sie das Ganze um. Lassen Sie die Flüssigkeit über Nacht stehen. Gießen Sie sie danach durch ein feinmaschiges Sieb oder einen Nylonstrumpf in ein anderes wasserfestes Gefäß. Drücken Sie den im Sieb verbliebenen Bodensatz nicht durch die Maschen, um am Schluss vielleicht etwas mehr Leim zu haben; das wäre Sparsamkeit am falschen Platz, denn in den Leim gelangen dann grobe Stücke, die Ihre Arbeit verderben. Die Flüssigkeit soll etwa wie Kaffeesahne aussehen. Der Leim wird beim Trocknen transparent. Geben Sie deshalb ein wenig rote oder gelbe Wasserfarbe zu, um ihn leicht einzufärben. Jetzt ist es an der Zeit, den Leim auf die zu vergoldenden Stellen Ihres Designs aufzutragen. Waschen Sie den Leimpinsel nach Gebrauch sofort aus.

Gebrauchsfertigen Gesso kann man über Postversand oder durch Kalligraphie-Gesellschaften beziehen. Erfahrene Kalligraphen ziehen es häufig vor, Gesso selbst herzustellen. Sie mischen dazu Gips, Bleipulver, braunen Zucker und Fischleim.

Schreiben – Vergolden – Malen

Wollen Sie Ihr Schriftblatt vergolden und farbig verzieren, führen Sie zunächst den Arbeitsgang des Schreibens aus. Vergewissern Sie sich, dass das Ergebnis Ihren Vorstellungen entspricht, bevor Sie mit dem Vergolden beginnen. Bringen Sie das Gold stets vor dem Ausmalen der Verzierungen auf.

Das Anlegen des Goldes

Das Anlegen des Goldes geschieht unabhängig davon, welchen Grundierleim Sie verwenden, nach ziemlich der gleichen Methode. Bevor Sie beginnen, legen Sie Ihre Arbeit auf eine feste, kalte Unterlage wie beispielsweise eine Glasplatte. Sie trägt dazu bei, dass Ihre Atemluft kondensiert und den Leim feucht macht.

Verwenden Sie Gesso als Haftgrund, sollte die Arbeitsfläche idealerweise sowohl kalt als auch feucht sein, damit das Vergolden gelingt. Eine zu warme oder trockene Atmosphäre verschlechtert das Ergebnis.

Das Ausmalen des Designs

Das Ausmalen des Designs ist der letzte Schritt. Arbeiten Sie dabei mit kleinen Pinseln, die Sie in feinen Bewegungen führen. Bauen Sie mehrere Farbschichten auf; beginnen Sie dabei mit dem Auftragen eines Untergrundes aus verdünnter Farbe und fügen Sie dann in die größten Flächen kräftige Farben ein. Wenn sie das Gefühl haben, dass die vergoldeten Bereiche sich nicht genügend abheben oder deren Kanten nicht klar genug erscheinen, grenzen Sie sie mit schwarzer oder dunkelbrauner Gouachefarbe ab. Weicht die Farbe von dem Gold zurück, geben sie ihr eine Pinselspitze Flüssigseife oder Geschirrspülmittel zu. Damit wird die Oberflächenspannung verringert, die Farbe bleibt am Gold haften.

Hier werden die Kanten des Gessoauftrags mit einem Polierstift geglättet. Führen Sie den Stift beim Glätten nicht über den Gesso; die entstehende Kerbe würde Ihre Arbeit verderben.

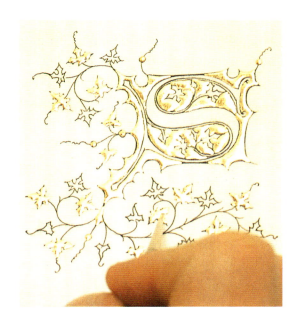

Die Ästhetik der Kalligraphie

Das Vergolden mit PVAC und Goldfolie

> **MATERIAL**
>
> Pauspapier
>
> Bleistifte
>
> Papier (am besten heiß gepresstes Aquarellpapier)
>
> PVAC-Klebstoff
>
> Leimpinsel
>
> Metallfeder oder Federkiel
>
> Pinsel und Feder für Farbe
>
> Farben
>
> Goldfolie (zum Abziehen)
>
> großer weicher Pinsel
>
> Polierer

PVAC-Klebstoff ist in Geschäften für Künstlerbedarf erhältlich. Goldfolie lässt sich einfacher verarbeiten als Blattgold, ist also ideal für Anfänger.

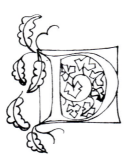

1 Decken Sie Ihr Schriftblatt mit Papier ab und lassen Sie nur die Stelle frei, an der Sie gerade arbeiten. Sie verhindern damit, dass das Blatt verschmutzt oder verdorben wird. Pausen Sie den Buchstaben und Ihr Design auf hochwertiges Aquarellpapier.

2 Tragen Sie den PVAC-Klebstoff mit einem Pinsel, einer Metallfeder oder einem Federkiel auf. Verwenden Sie eine Feder, muss der Kleber 1:1 mit Wasser verdünnt werden. Mischen Sie eine kleine Menge rote Wasserfarbe unter, so dass der Klebstoff eine rosa Färbung annimmt. Er ist so auf dem Papier deutlich zu sehen. Benutzen Sie einen Pinsel, verstreichen Sie den Kleber nicht, sondern ziehen Sie jeweils eine kleine Menge über die zu vergoldende Stelle. Durch das Verstreichen entstehen Streifen. Ziehen Sie den Kleber tropfenweise mit der Pinselspitze, bleibt die Oberfläche glatter.

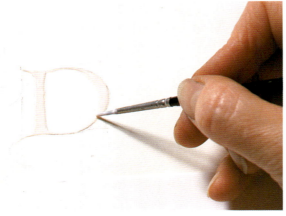

3 Beginnen Sie an einer Seite des Buchstabens und führen Sie den Pinsel bzw. die Feder rasch zum Ende. Versuchen Sie nicht, eine Fläche, die gerade zu trocknen beginnt, nochmals zu überstreichen, denn dadurch würden unerwünschte Spuren entstehen. Sehen die fertigen Linien gefurcht aus, warten Sie, bis der Klebstoff trocken ist und tragen eine zweite Schicht auf. Sie können auch mehrere dünne Klebstoffüberzüge aufbringen. Lassen Sie dabei stets erst eine Schicht trocknen.

4 Lassen Sie den Leim trocknen. Das dauert etwa 30 Minuten; er glänzt dann nicht mehr, sondern sieht matt aus. Rollen Sie ein Blatt Papier zu einer Röhre zusammen und blasen Sie Ihren Atem über die Fläche, die vergoldet werden soll. Arbeiten Sie rasch, denn die Feuchtigkeit der Atemluft hält nicht lange auf dem Klebstoff. Legen Sie die Goldfolie mit der Oberseite nach unten auf Ihren Buchstaben und drücken Sie sie mit einem Finger fest an.

5 Reiben Sie vorsichtig, aber fest darüber, damit das Gold auf dem Buchstaben haftet. Nehmen Sie die Goldfolie wieder ab und atmen Sie über dem Buchstaben nochmals durch die Papierröhre. Legen Sie das Gold wieder auf und reiben Sie fest mit dem Finger darüber.

Das Illuminieren **107**

6 Atmen Sie wieder durch die Papierröhre und reiben Sie mit einem Polierer (oder einem kleinen Achat) das Gold durch das Trägerpapier hindurch ab. Wiederholen Sie den Arbeitsgang, bis sich kein Gold mehr vom Trägerpapier löst.

7 Setzen Sie den Polierer direkt auf den vergoldeten Buchstaben und glätten Sie das Gold, so dass es glänzt. Anstelle eines Polierers kann auch ein sehr glatter Achat oder Hämatit benutzt werden. Polieren Sie das Gold zunächst nur ganz leicht. Wenn Sie irgendein Hindernis spüren, hören Sie auf. In einem solchen Fall ist entweder der Leim noch feucht (lassen Sie ihn noch 30 Minuten trocknen) oder der Achat, den Sie verwenden, ist nicht glatt genug. Versuchen Sie es noch einmal.

8 Sind Sie mit dem Vergolden fertig, kann der Rest des Designs gemalt werden. Bürsten Sie zunächst alles überschüssige Gold mit einem großen weichen Pinsel ab, um den Buchstaben gründlich zu reinigen. Beginnen Sie mit dem Malen, indem Sie die größten Flächen mit leichten Farbüberzügen versehen.

9 Tragen Sie nun die kräftigeren Farben auf. Heben Sie einige Stellen mit Weiß hervor und lassen Sie andere durch dickere, dunklere Farben dunkler erscheinen. Dadurch erhält die Malerei Tiefe und Form. Grenzen Sie den Buchstaben oder anderer Bereiche der Illustration ab, indem Sie die Formen mit brauner oder schwarzer Farbe und mit einer Feder oder einem feinen Pinsel nachziehen.

10 So sieht eine fertige Malerei mit vergoldetem Buchstaben aus.

108 Die Ästethik der Kalligraphie

Das Vergolden mit Gesso

MATERIAL

Feder
Tusche
Wasserfarben
Gesso
destilliertes Wasser
Malpinsel oder Federkiel
Skalpell
Blattgold
Schere
Pinzette
Pergamin
Polierer
weicher Pinsel

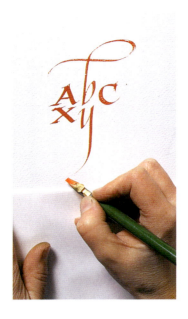

1 Haben Sie einen Rohentwurf erarbeitet, beginnen Sie mit dem Schreiben. In unserem Fall wird eine Kombination aus Großbuchstaben und geschwungenen Kleinbuchstaben mit Gouachefarben frei geschrieben. Achten Sie später darauf, dass an der harzhaltigen Farbe später kein Gold haften bleibt.

2 Tragen Sie in einige Formen, die durch die Buchstaben gebildet werden, flache Farbflächen auf. Verwenden Sie dazu sehr blasse Farben, die nicht mit der Gesamtgestaltung konkurrieren und nicht das Gold anziehen.

3 Brechen Sie einige winzige Stücke Gesso ab und schütten Sie sie in ein kleines Gefäß. Ist der Gesso nach dem traditionellen Rezept hergestellt und enthält daher Bleiweiß, waschen Sie im Anschluss Ihre Hände und stellen Sie den restlichen Gesso gut verschlossen weg.

4 Geben Sie zu den Gessostückchen zwei Tropfen destilliertes Wasser und lassen Sie das Ganze 20 Minuten lang stehen, damit der Gesso weich wird. Während der Gesso weicht, stoßen Sie mit dem Griff eines kleinen Malpinsels die Stücke leicht an, damit sie weich werden.

5 Rühren Sie den Gesso nicht, sondern stoßen Sie die Mischung, um Luftblasen zu verhindern. Der fertige Gesso muss eine cremige Konsistenz haben. Lassen Sie etwas Nelkenöl von einem Stecknadelkopf in die Mischung tropfen, wenn die Luftblasen nicht verschwinden.

6 Der Gesso kann mit einem Federkiel, mit einer Metallfeder oder mit einem Malpinsel aufgetragen werden. Benutzen Sie einen Pinsel, feuchten Sie ihn an und pressen Sie ihn dann trocken um die Luft daraus zu entfernen, bevor Sie ihn in die Gessomischung eintauchen, ziehen Sie die Mischung entlang der Buchstabenform breit.

7 Ist der Gesso völlig trocken, untersuchen Sie ihn genau auf Risse und grobe Stücke. Diese lassen sich mit einer gebogenen Skalpellklinge vorsichtig abschaben. Achten Sie jedoch darauf, dass Sie nicht alles abtragen oder die Gessoschicht durch Kratzer beschädigen. Eine abgeschabte Fläche kann dem Gold jedoch auch zusätzlichen Halt geben.

Das Illuminieren **109**

8 Vielleicht möchten Sie den Gesso vor dem Anlegen des Goldes so gut wie möglich glätten um zum Schluss einen schöneren Glanzeffekt zu erzielen. Benutzen Sie zum Glätten des Gesso nicht Ihren besten Polierer, sondern versuchen Sie es mit einem glattpolierten Stein oder mit einem Teelöffel.

9 Goldfolie ist leichter zu verarbeiten, doch Blattgold nimmt besser die Form des Gessoauftrags an. Fassen Sie das Heft mit dem Gold am Rücken und klappen Sie die Seiten vorsichtig zurück um das Gold von der Trägerschicht abzunehmen. Schneiden Sie mit einer sauberen Schere ein kleines Stück samt Trägerpapier ab.

10 Rollen Sie saugfähiges Papier zu einer Rolle zusammen, durch die Sie mehrmals auf die zu vergoldende Fläche atmen. Legen Sie Ihre Arbeit auf eine kalte Fläche, die die feuchte Atemluft lange genug kondensieren lässt, damit der im Gesso enthaltene Kleber wieder aktiviert wird. Arbeiten Sie am besten in einer feuchten Atmosphäre.

11 Fassen Sie die Goldfolie entweder an der Rückseite oder nehmen Sie sie mit der Pinzette auf. Atmen Sie eine Sekunde über dem Gesso, legen Sie dann sofort das Gold auf die vorgesehene Fläche und drücken Sie es mit einem Finger durch das Trägerpapier hindurch fest auf Ihr Blatt.

12 Entfernen Sie das Trägerpapier, legen Sie das Pergamin auf das Gold und polieren Sie es mit einem glatten Werkzeug. Fahren Sie zunächst nur leicht, dann fester über das Gold und achten Sie dabei auf die Kanten.

13 Sind Sie im Besitz eines Polierers, können Sie das Gold nun direkt glätten und damit einen schöneren Glanz erzeugen. Beginnen Sie mit leichten Bewegungen und hören Sie auf, wenn Sie auf einen Widerstand stoßen, der möglicherweise auf einen kratzenden Polierer hinweist. Schützen Sie den Polierer stets vor Kratzern.

14 Ist das Gold aufgetragen, entfernen Sie mit einem weichen Pinsel alles überschüssige Gold. Schaben Sie die Goldpartikel, die an anderen Buchstaben haften geblieben sind, vorsichtig ab. Löst sich das Gold vom Gesso, war die Luft beim Anlegen wahrscheinlich zu trocken. Schaben Sie deshalb alles Gold wieder ab und beginnen Sie in einer feuchteren Atmosphäre.

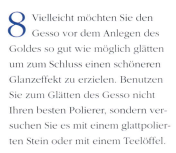

Register

Fett gedruckte Seitenangaben beziehen sich auf Einträge im Schriftenkatalog. Seitenzahlen in Kursivschrift verweisen auf Illustrationen und/oder die dazugehörigen Bildunterschriften.

abgewinkelte Federn *21*
abstrakte Gestaltungen 78–79
Akrylglanzmittel 104
Akryltuschen 85
Alkuin (735–804) 8
Alphabet, Geschichte 6–7
Ammoniak-Gummiharz *14*, 104, 104–105
Analogfarben *84, 87*
Aquarellfarben
    siehe Wasserfarben
Aquarellstifte 88
Arbeitsbrett *siehe* Reißbrett
ausgefranste Ränder 19, *19*
Ausrüstung 12
    für das Vergolden *14*
    Grundausrüstung *12–13*
Auswählen der Schrift 100
    Bücher 102
    formelle Entwürfe 100
    Gedichte und Zitate 102
    Glückwunschkarten 102
    historische Bezüge *101*
    Kombination verschiedener Schriftstile 100
    moderne Stilrichtungen 100
    passende Schrift 100
    Plakate 102

Bâtarde 9, **58–61**, *101*, 102
Black Letter
    siehe gotische Schrift
Blickpunkte 75, *75*, 82
Bögen 25
Book of Kells *6, 7*
Botts, Timothy *81, 100*
Bücher 7, 8, 9, 102

Buchstaben 24
    Bögen 25
    Breite 24, *24, 26*
    Großbuchstaben 7, 8, 24, *26*
    Kleinbuchstaben 7, *24*, 25, *25, 26*
    Serifen 24, *24*
    stilistische Einheit 25
    Strukturen 78, *80*
    Zwischenräume 25
Buchstabenbreite 24, *24, 26*
Buchstabenstrukturen 78, *80*

Colgan, Gareth 8

dekorative Kanten (Feder) 99
Drucken 9

englische Schreibschrift 9, **69–71**, *101*, 102
Etrusker 6

Farbe 80–81, 82
    Akryltuschen 85
    Analogfarben *84, 87*
    Auswahl und Mischen von Farben *84*, 85
    farbliche Gestaltung 82
    Gouachefarben 85
    Kaseinfarbe 88, *94*
    Komplementärfarben *84, 87*
    Schreiben mit Farben 85, *86–87*
    Wasserfarben 85
farbiger Hintergrund 88
    Buntpapier 99
    dekorative Kanten (Feder) 99

Gestaltung mit Abdecklack 98
    Hintergrundüberzüge 88, *89–92*
    Kaseinfarbe 88, *94*
    Pastellkreiden 88, *95, 96*
    Radiergummistempel 88, *97*
    Schablonen 88, *96*
    Schreiben auf frisch aufgetragenem Hintergrund 95
    Schreiben mit zwei Stiften 99
    Spritzmalerei *98*
    Stifte 88
Farbkreis *84*
Federansatzwinkel 19–20, *20*
Federbreiten 20–21, *21, 26,* 78
Federhalter 13
Federhaltung *siehe* Federansatzwinkel
Federn 13, 18–19
    häufig auftretende Probleme 22, *23*
    Säubern der Federn 22
Federn 13
    englische Schreibschrift 21, *21*
    Federansatzwinkel 19–20, *20*
    Federkiel 7
    Halten des Federhalters *18*
    häufig auftretende Probleme 22
    Schreiben mit zwei Federn 99
    Testen der Feder *18*, 19
Federn für die englische Schreibschrift 21, *21*
Foundational 7, 25, **50–53**, 100, *101*
Fraktur 9

Garrett, Ian *51, 55*
Gedichte 102

Gesso 104, 105
    Vergolden mit Gesso *108–109*
Gestaltung 82
    abstrakte Gestaltung 78–79
    Ausgewogenheit 74
    Blickpunkte 75, *75*, 82
    Entwurfsplanung 74
    Illuminieren 104
    Kontrast 74, *77*
    Prinzipien 74
    Ränder 74, *77*
    Skizze und fertige Arbeit *76–77*
Gestaltung mit Abdecklack 98
Gleichgewicht 74
Glückwunschkarten 102
Goffe, Gaynor *35, 83*
Gold
    Anlegen des Goldes 105
    Blattgold *14*, 104
    Goldpulver 104
    siehe auch Vergolden
gotische Schrift 8–9, **54–57**, 100, *101*, 102
    Bâtarde 9, **58–61**, *101*, 102
    Fraktur 9
    Quadrata 9, **56**
    Rotunda 9, **56**
    Textura Precissa 7, 9, **56**
Gouachefarbe 85, 104
Griechen 6
Großbritannien 7
Großbuchstaben 7, 8, 24, *26*
    siehe auch römische Capitalis
Gummiarabikum 104
Gutenberg 8

Halbunziale 7, 8, **38–41**, 100, *101*, 102
handgeschöpftes Papier *15*
heiß gepresstes Papier (HP) *15*
Hintergrundüberzüge 88
    Auftragen eines abgestuften Hintergrunds *91*

Register **111**

Auftragen eines gemischt-
farbigen Hintergrunds
92
Auftragen eines Überzuges
90
Auftragen eines zweifarbigen
Hintergrunds 91
Spannen des Papiers für
Hintergrundüberzüge 89
siehe auch farbiger Hintergrund
humanistische Handschrift
9
humanistische Kursive 9, *9,*
62–68, 100, *101,* 102

Illuminieren 8, 104–105
Vergolden mit Gesso
105, *108–109*
Vergolden mit PVAC und
Goldfolie *106–107*

Jeffery, Juliet *59*
Johnston, Edward 6, 51

kalt (nicht) gepresstes Papier
15
Karl der Große,
König der Franken 8
karolingische Minuskel 7, 8, 9,
46–49, 100, *101,* 102
Kaseinfarbe 88, *94*
Kleinbuchstaben (Minuskeln)
7, 24, 25, *25, 26*
Komplementärfarben
84, *87*
Komposition *siehe* Gestaltung
Kontrast 74, *75*

Larcher, Jean *103*
Layoutpapier 15
Leiter 20–21, *21*
Licht 16
Linieren 16, *17*

Linkshänder 18
englische Schreibschrift *21*
Luttrell-Psalter 7

Marns, Frederick *69*
Maschinenpapier 15
Mehigan, Janet *43, 47, 63*
Minuskeln
siehe Kleinbuchstaben
Morris, Polly *83*
Muschelgold 104

Noble, Mary *31, 39*

Oberlängen 7, 25, *26*

Papier 15, *15*
Buntpapier *99*
Einstäuben des Papiers
23
für Hintergrundüberzüge
88, *89*
häufig auftretende Probleme
22
Papyrusrollen 7
Pastellkreiden 88, *95, 96*
Pastellpapier 15
Pergament 7, 15
Phönizier 6
Plakate 102
praktische Übung 26
Price, Penny *9*
Primärfarben 84, *85*
Pritchard, Ros *78, 81*
Probleme, häufig auftretende
22
PVAC-Klebstoff 104
Vergolden mit PVAC-Kleb-
stoff *106–107*

Quadrata 9, **56**

Radiergummistempel
88, *97*
Ramsey-Psalter *51*
Ränder 74, 77, 102
Randleisten *99*
raues Papier 15
Reißbrett 16, *16*
Polstern des Reißbrettes
17
Reißschiene 13, *17*
Römer 6, 7
römische Capitalis 6–7, 8, *8,*
24, **30–33**, 100, *101*
Rotunda 9, **56**
Rustika 7, 8, **33**

Sandarak 13, *23*
Schablonen 88, *96*
Schneider, Werner *74, 81*
Schreiben auf frisch aufgetra-
genem Hintergrund *95*
Schriftenkatalog, Arbeit mit
dem 26–27
Schriftwahl 100
Serifen 24, *24*
Skizzen 74, *75*
Spritzmalerei *98*
Stößel und Mörser *14*

Textura 9, **56**
Textura Precissa 7, 9, **56**
Thornton, Peter *79*
Tielens, Godelief *83*
Tintenreservoir 19, 22
Richten des Reservoirs
22–23
Tuschen
Akryltusche *85*
häufig auftretende Probleme
22, *23*

Unterlängen 7, 25, *26*
Unziale 7, 8, *8,* **34–37**, 100,
101

Vergolden 104–105
Ausrüstung *14*
mit Gesso 105, *108–109*
mit PVAC und Goldfolie
106–107
Versalschrift 7, 8, **42–45**,
100, *101*
Vito, Bartolomeo San *9*

Walker, Brian *82, 83,* 102
Wasserfarbe *85*
Wasserfarben *90,* 104
Werkzeuge 12
Grundausstattung *12–13*
Werkzeuge zum Vergolden
14
White, Mary *75, 79*
Wiedergabe eines Textes
80–81
Winchester-Bibel 7, *8*
Wood, David *74*
Yallop, Rachel *79*

𝒵
Zitate 102
Zwischenräume 25, *25,*
26, 102

Abbildungsnachweis

Wir danken den folgenden Einrichtungen für das Ausleihen von Material für Fotoaufnahmen:

L. Cornelissen & Son
105 Great Russell Street
London WC1B 3RY
+44 (0) 171 636 1045

Philip Poole & Co
105 Great Russell Street
London WC1B 3RY
+44 (0) 171 636 1045

Falkiner Fine Papers
76 Southampton Row
London WC1B 4AR
+44 (0) 171 831 1151

Quarto Publishing dankt allen Künstlern, die freundlicherweise die Erlaubnis zur Wiedergabe ihrer Arbeiten in diesem Buch erteilten.

Copyright für alle anderen Fotos bei Quarto Publishing.

Übungsbuch

Mary Noble & Janet Mehigan

Bechtermünz

Inhalt

Zur Arbeit mit dem Übungsbuch	3
Foundational	4
Römische Capitalis	12
Humanistische Kursive	20
Unziale	34
Halbunziale	44
Karolingische Minuskel	50
Versalschrift	64
Gotische Schrift	72
Bâtarde	86
Englische Schreibschrift	100

Originaltitel: The Calligrapher's Companion
Originalverlag: Thunder Bay Press, San Diego

Deutsche Erstausgabe
Copyright © by Quarto Inc., London 1997
Copyright © für die deutsche Übersetzung und Ausgabe
by Weltbild Verlag GmbH, Augsburg 2001
Copyright unter Internationalem, Panamerikanischem und Welturheberrechtsabkommen. Alle Rechte vorbehalten. Ohne schriftliche Genehmigung des Verlages darf kein Teil dieses Buches reproduziert oder in irgendeiner Form oder durch irgendein elektronisches oder mechanisches Mittel, darunter Fotokopieren und Aufzeichnen, oder durch irgendein System zur Informationsspeicherung und -wiedergewinnung übertragen werden. Für Rezensionen dürfen kurze Passagen (nicht über 1000 Wörter) zitiert werden.

Gestaltung: Hugh Schermuly
Bildrecherche: Miriam Hyman
Fotografie: Paul Forrester, Les Weis

Aus dem Englischen übertragen von Regina van Treeck, Leipzig
Bearbeitung der deutschen Ausgabe:
Neumann & Nürnberger, Machern
Einbandgestaltung: Georg Lehmacher, Friedberg (Bay.)
Gesamtherstellung: Mladinska Knjiga, Ljubljana
Printed in Slovenia

ISBN 3-8289-2379-8

2003 2002 2001
Die letzte Jahreszahl gibt die aktuelle Lizenzausgabe an.

Zur Arbeit mit dem Übungsbuch

Dieses Buch ist für Ihre kalligraphischen Übungen vorgesehen. Sie benötigen eine Feder mit der richtigen Breite. Die meisten hier aufgeführten Alphabete sind mit einer 2,5 mm breiten Feder, einer Mitchell 1 1/2, geschrieben; ihr entsprechen etwa die Speedball C2, Osmiroid B4 oder Brause 3. Halten Sie zum Vergleich der Breite Ihre Feder einfach an die Leiter aus Federbreiten, die bei jedem Alphabet zu finden ist. Für die Großbuchstaben brauchen Sie eine viel schmalere, für die englische Schreibschrift wiederum eine ganz andere, nämlich eine biegsame spitze Feder.

Die Buchstaben der einzelnen Alphabete sind in Strichfolgen aufgegliedert. Darunter finden Sie Hilfslinien, auf denen Sie die Buchstaben mehrmals üben können. Halten Sie beim Schreiben den Federansatzwinkel ein. Zu beachten ist, dass die x-Höhe der Kleinbuchstaben die Mittellänge des Buchstabens ohne Ober- und Unterlänge darstellt. Das Übungsheft führt Sie, beginnend mit elementaren, unkomplizierten Stilarten und dann zu komplexeren Formen übergehend, durch verschiedene Alphabete.

Nehmen Sie sich täglich etwas Zeit und Ruhe und üben Sie, bis Sie die Schrift beherrschen, ohne sich ständig an der Vorlage orientieren zu müssen. Vor allem aber wünschen wir Ihnen, dass Sie Freude an der Kalligraphie haben.

Schreiben Sie den Buchstaben in der angegebenen Strichfolge nach und üben Sie ihn dann einige Male auf den Leerzeilen.

Kontrollieren Sie ständig, ob die Feder im richtigen Ansatzwinkel halten.

Die x-Höhe eines Kleinbuchstabens ist dessen Mittellänge; Ober- und Unterlänge gehören nicht dazu.

Überprüfen Sie, ob Ihre Feder die richtige Breite hat. Halten Sie sie dazu an eine der Federbreiten, die am Zeilenanfang wie eine Leiter übereinander gezeichnet sind, oder zeichnen Sie zum Vergleich selbst eine solche Leiter.

Foundational

Die Buchstaben der Foundational sind vier Federbreiten hoch. Die Feder wird bei allen Strichen im Winkel von 30° gehalten. Ausnahmen bilden die breiten Diagonalen bei v, u, x und y (Ansatzwinkel 45°) sowie die Diagonale des z (0°). Die Bögen richten sich nach der Kreisform. Die Serifen an den Buchstabenfüßen sind klein.

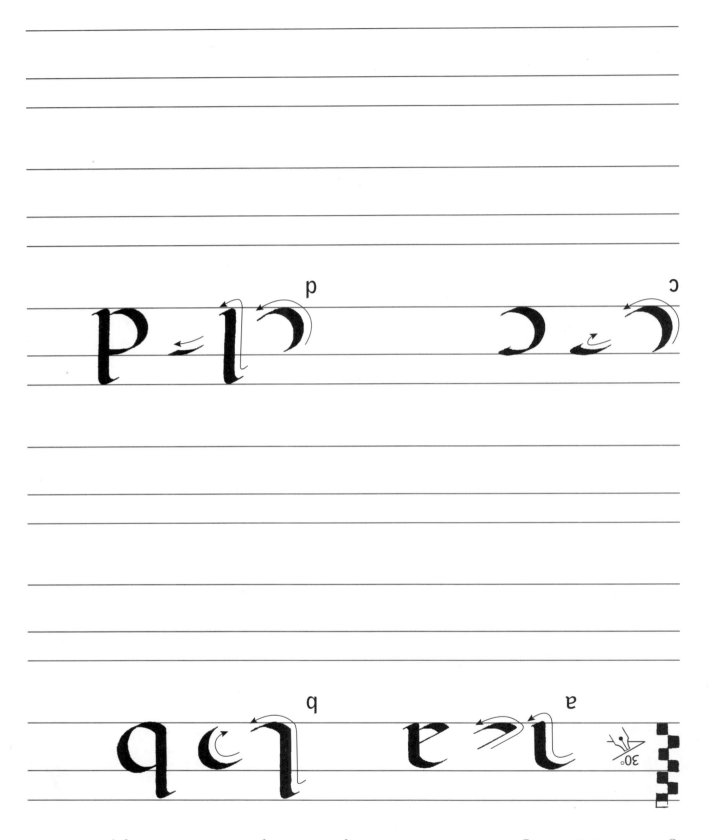

Foundational 5

e f g h

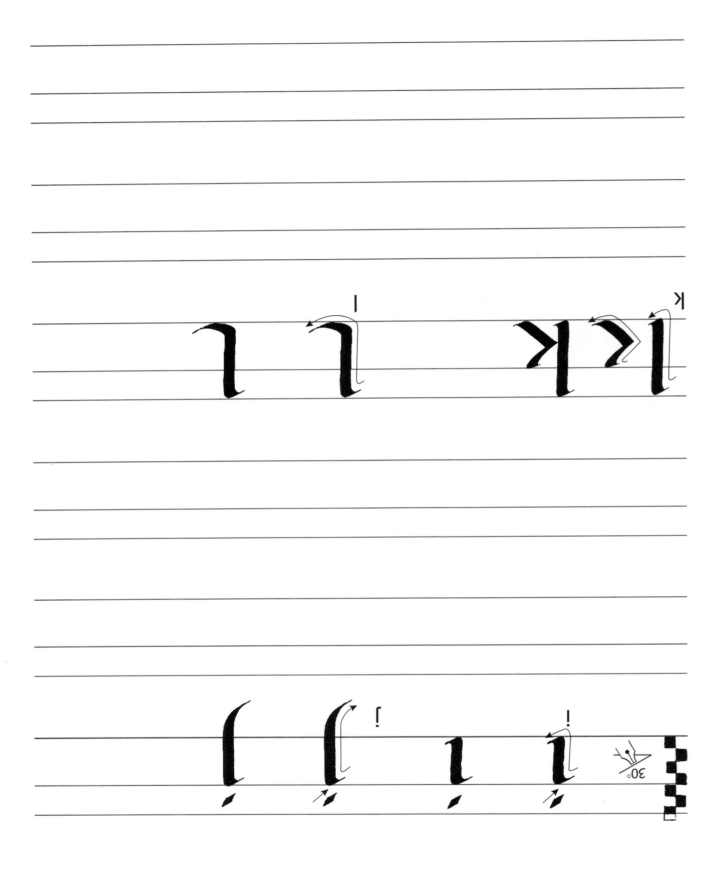

Foundational 7

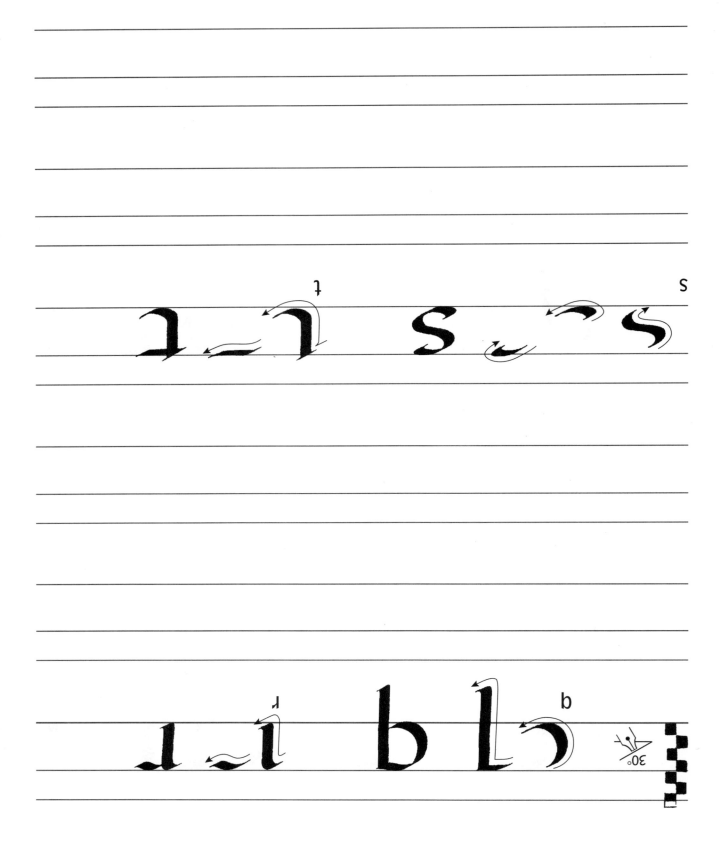

8 Foundational

m m m

v v u u

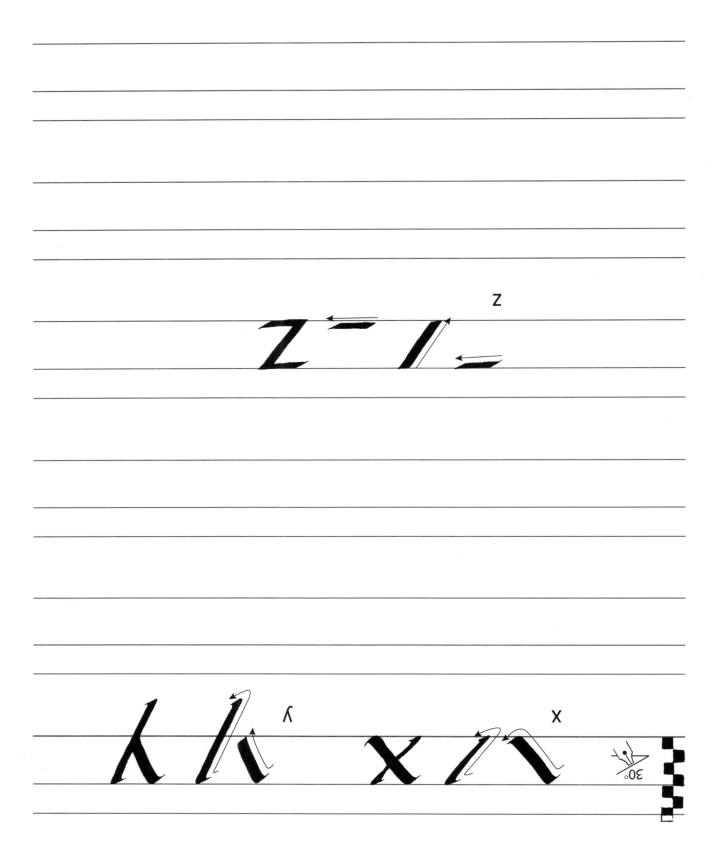

Foundational

Römische Capitalis

Die römische Capitalis ist sieben Federbreiten hoch, die Feder wird mit Ausnahme des M, des N und des Z stets im Winkel von 60° angesetzt. Achten Sie besonders auf die Breite der Buchstaben.

Römische Capitalis 13

14 Römische Capitalis

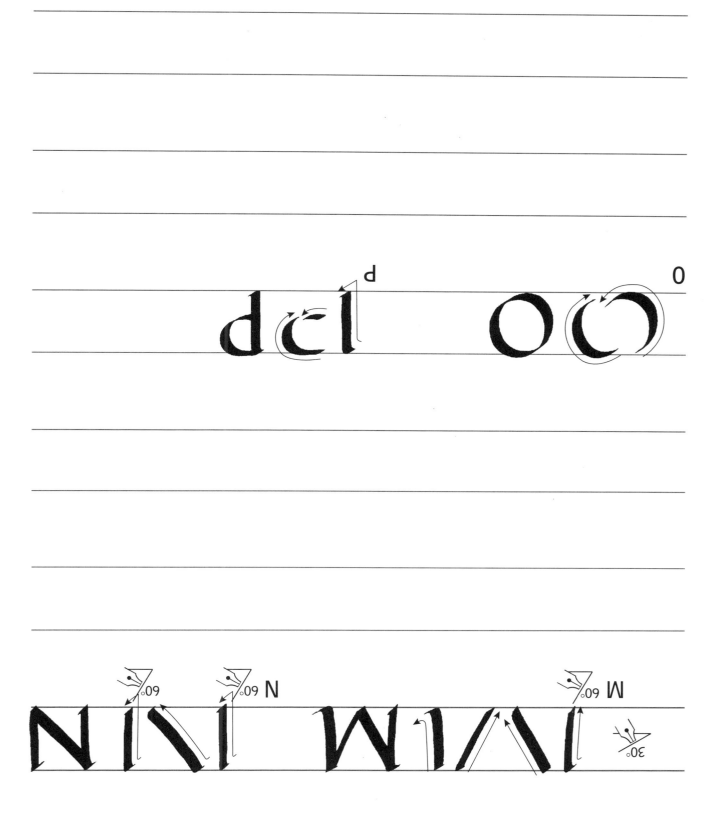

Römische Capitalis 15

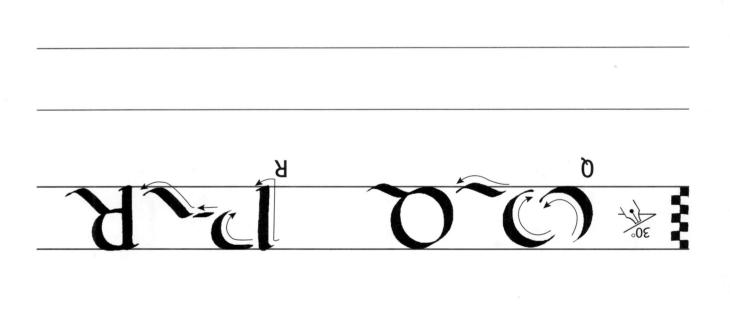

Römische Capitalis 17

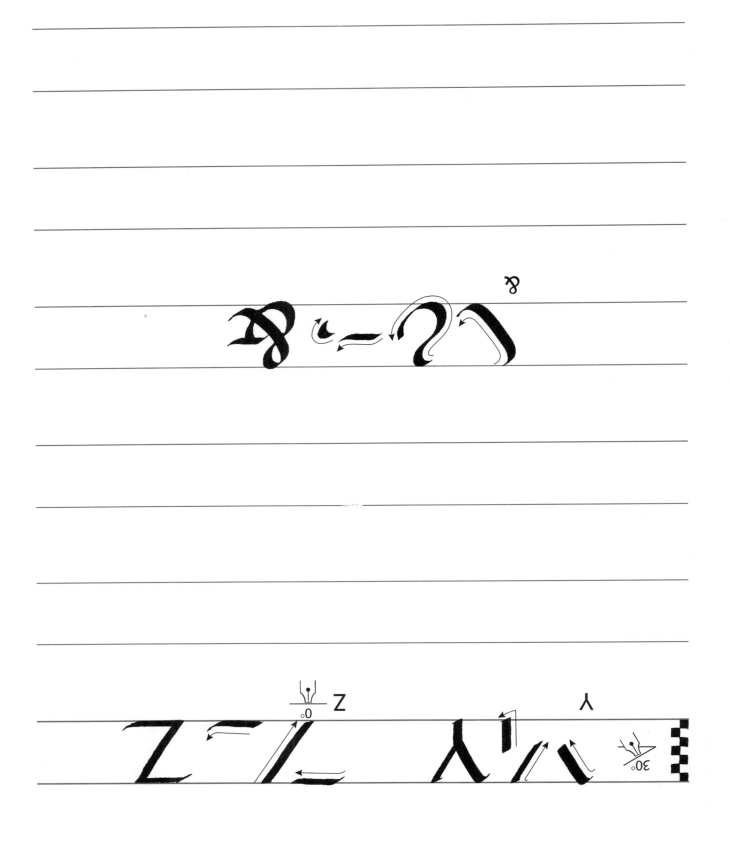

18 Römische Capitalis

Römische Capitalis 19

Humanistische Kursive (Kleinbuchstaben)

Die Kleinbuchstaben der humanistischen Kursive sind fünf Federbreiten hoch. Sie werden mit einem Federansatzwinkel von 40° geschrieben. Die Buchstaben b, k, m, n, p und r weisen aus den Schäften entspringende Bögen auf. Schreiben Sie die humanistische Kursive mit einer Neigung von 5–10° zur Vertikalen.

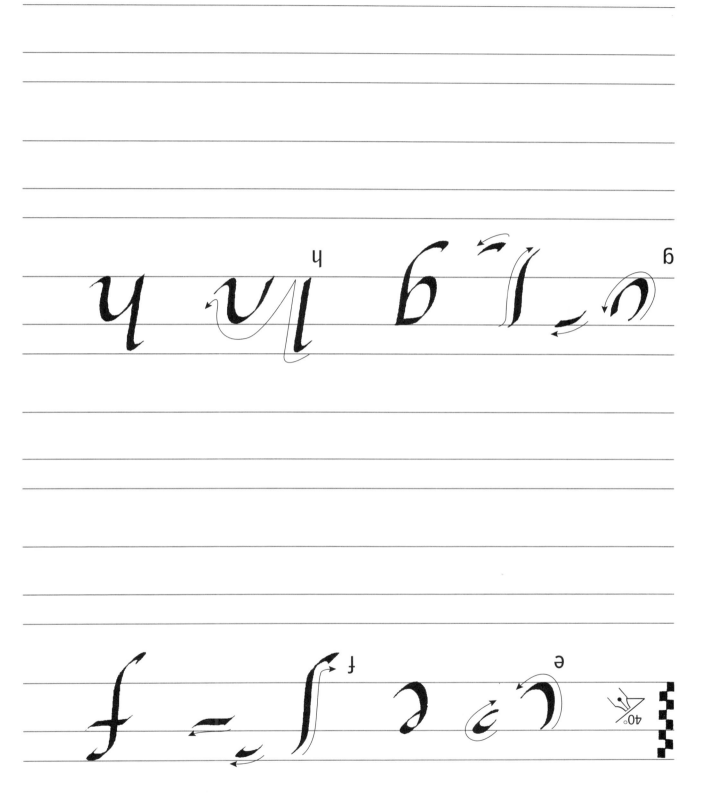

Humanistische Kursive (Kleinbuchstaben)

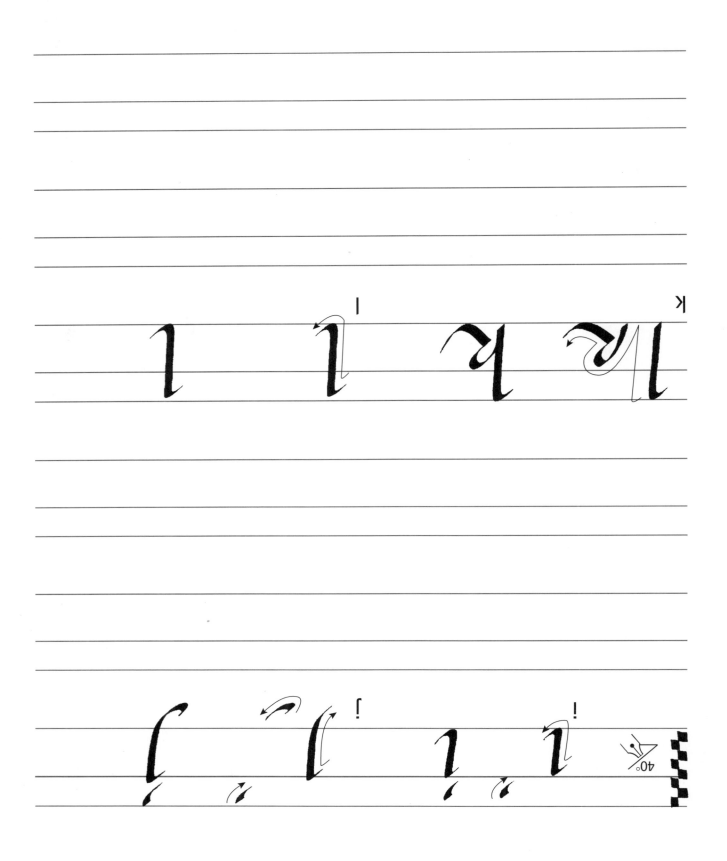

22 Humanistische Kursive (Kleinbuchstaben)

23 Humanistische Kursive (Kleinbuchstaben)

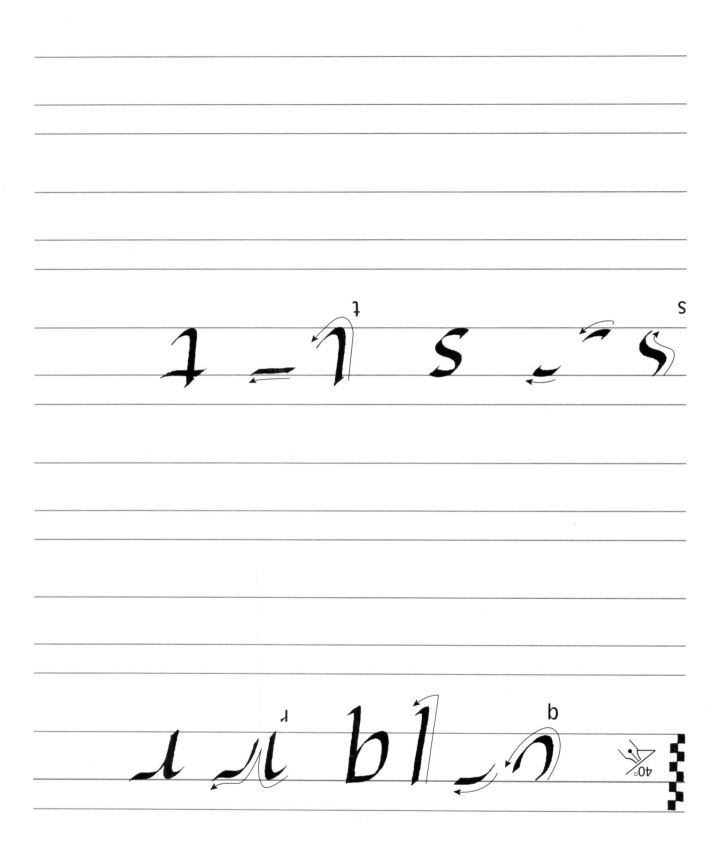

24 Humanistische Kursive (Kleinbuchstaben)

Humanistische Kursive (Kleinbuchstaben)

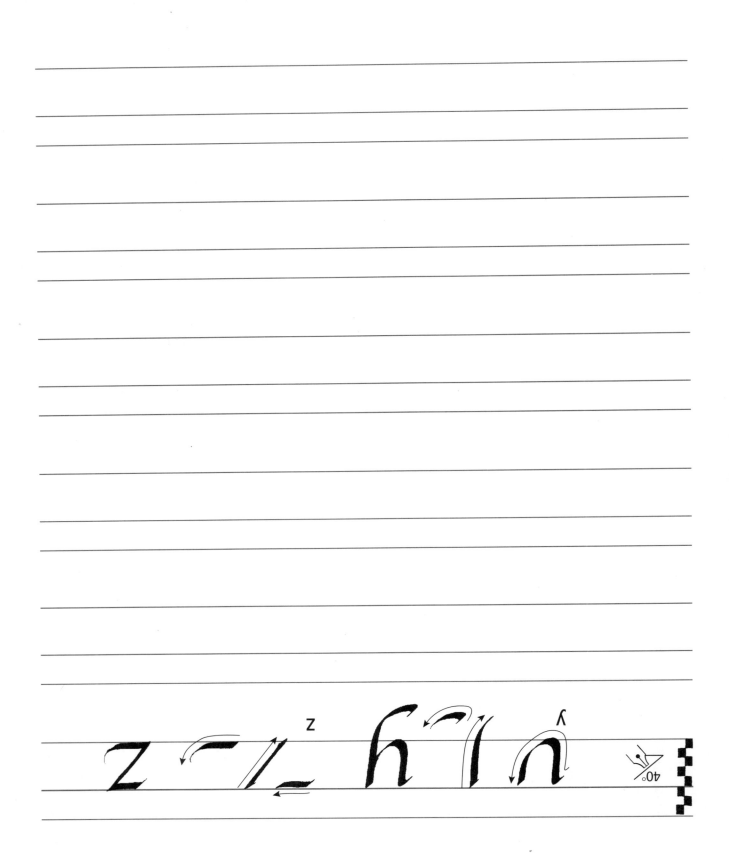

26 Humanistische Kursive (Kleinbuchstaben)

Humanistische Kursive (Großbuchstaben)

Die Großbuchstaben der humanistischen Kursive sind hier sieben Federbreiten hoch und mit einem Ansatzwinkel von 40° geschrieben. Ihre Formen basieren auf einer komprimierten römischen Capitalis, sie sind 5–10° nach rechts geneigt. Beachten Sie die kleinen hakenförmigen Serifen.

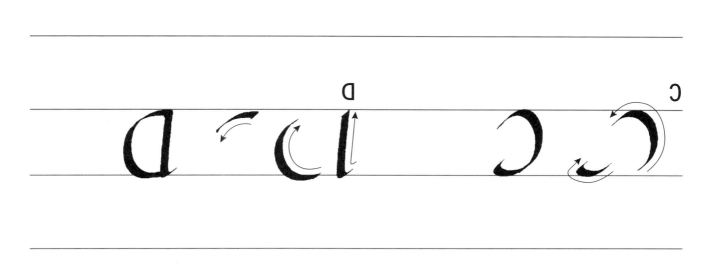

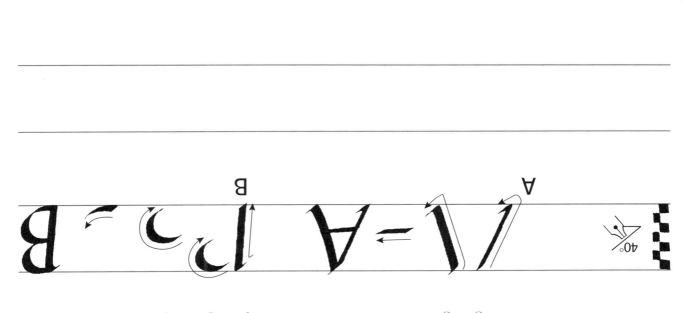

28 Humanistische Kursive (Großbuchstaben)

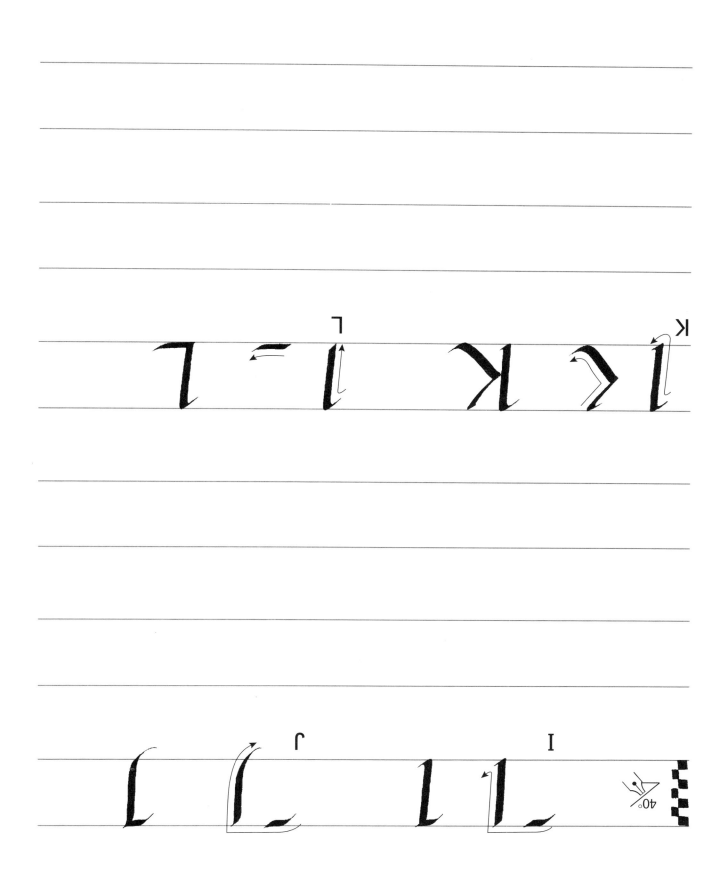

29 Humanistische Kursive (Großbuchstaben)

30 Humanistische Kursive (Großbuchstaben)

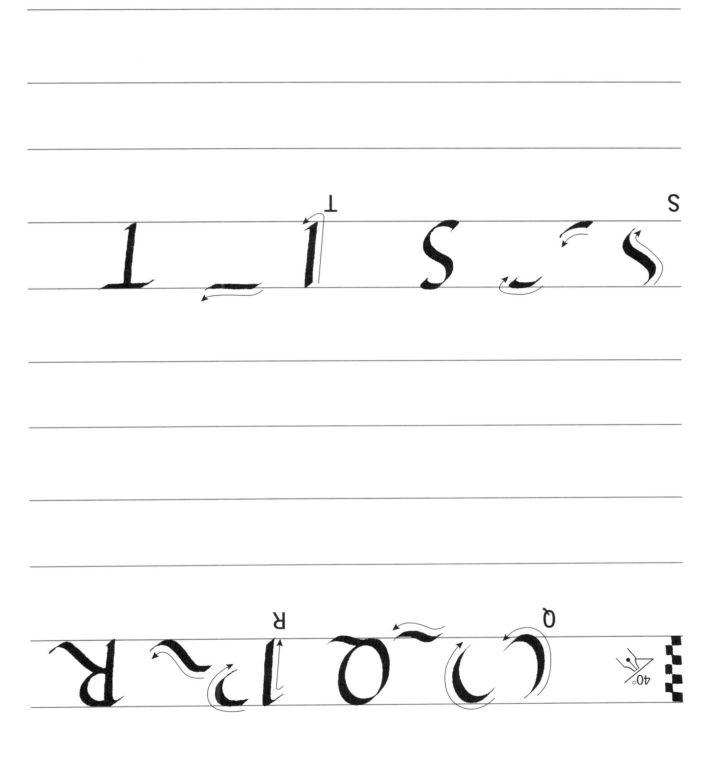

Humanistische Kursive (Großbuchstaben) 31

32 Humanistische Kursive (Großbuchstaben)

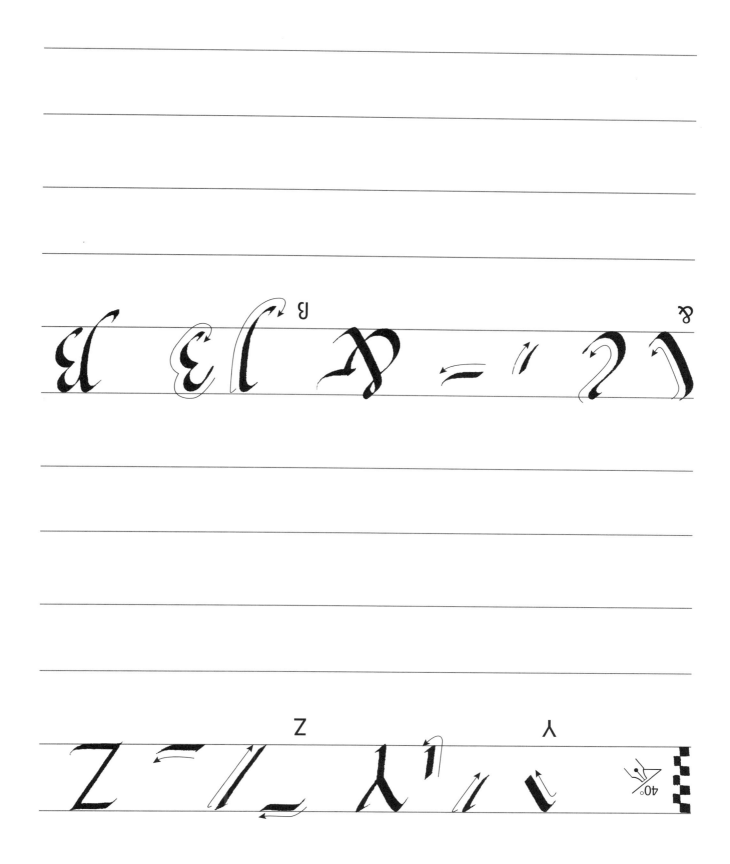

Uniziale

Die Buchstaben der Unziale werden vier Federbreiten hoch und mit einem Ansatzwinkel von 25° geschrieben. Führen Sie die Serifen sanft geschwungen aus und halten Sie alle Ober- und Unterlängen minimal.

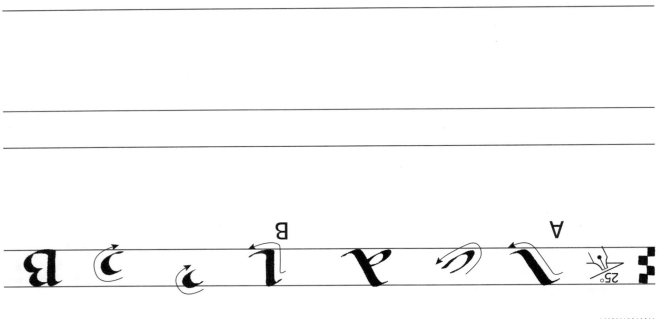

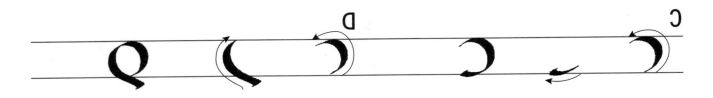

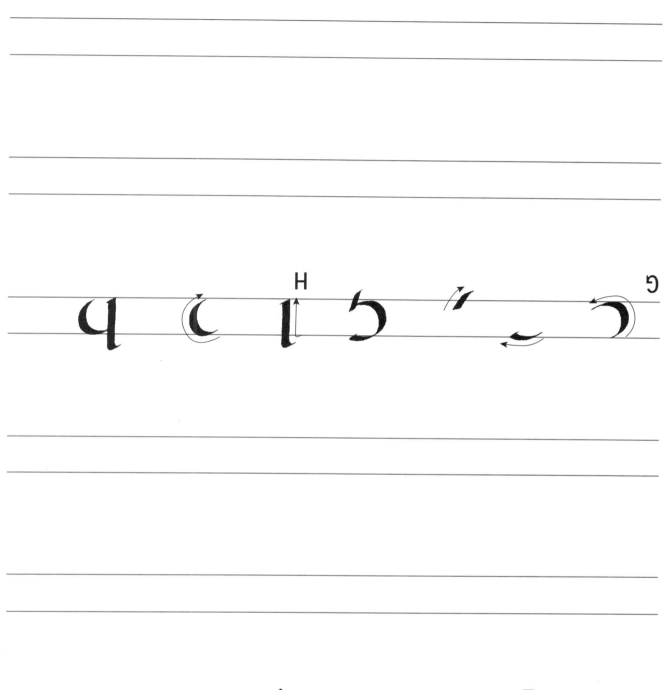

Unziale 35

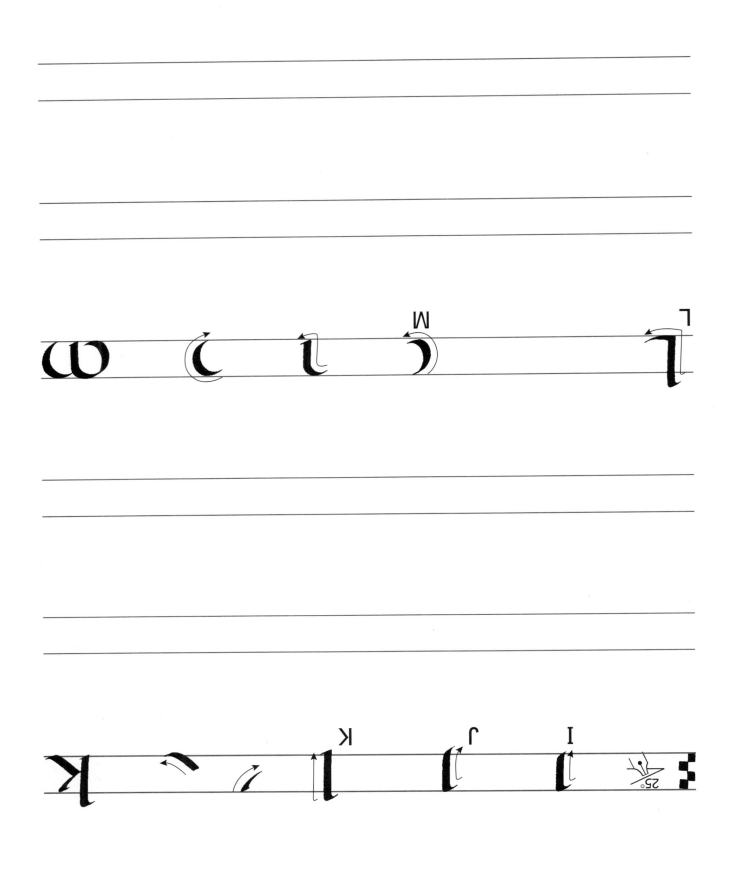

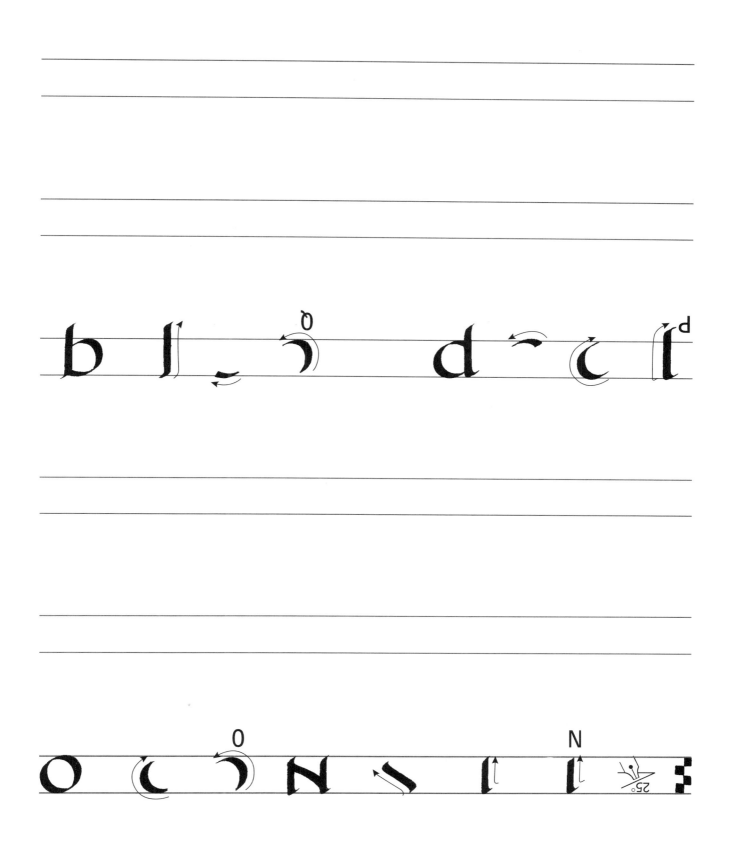

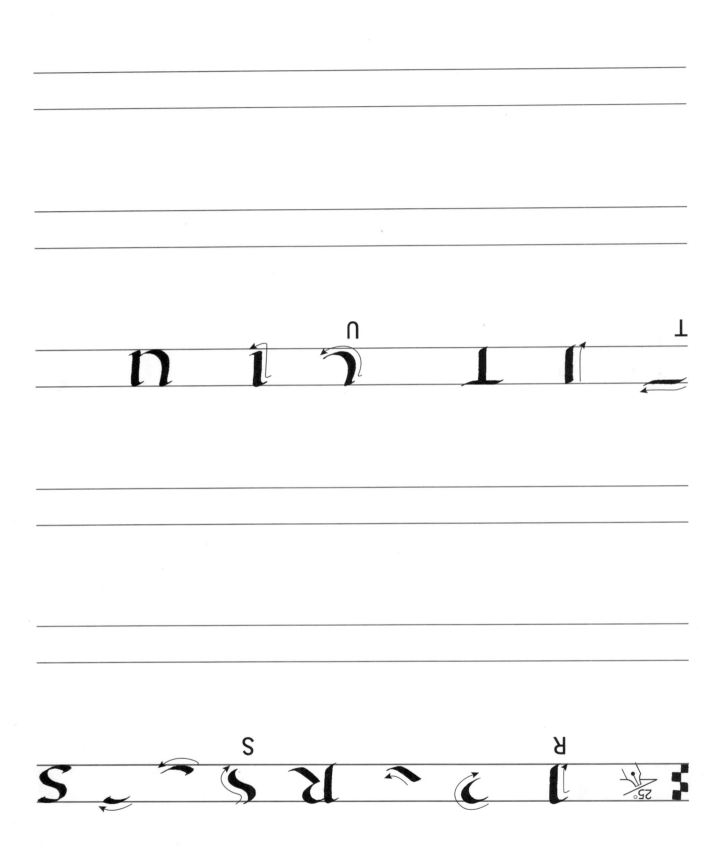

38 Unziale

Unziale 39

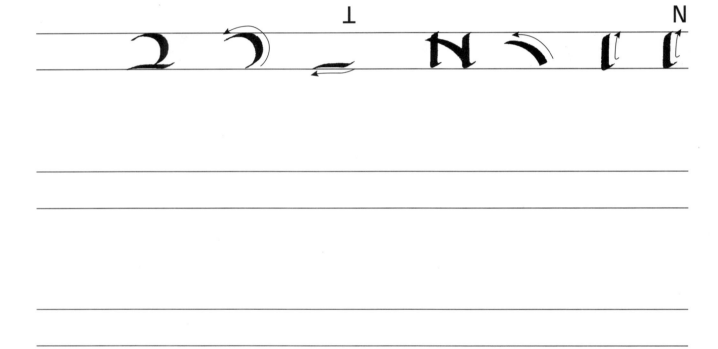

40 Unziale (alternative Formen)

Unziale (alternative Formen) 41

Halbunziale

Halten Sie beim Schreiben einen flachen Federwinkel ein, damit Sie die Seiten der Buchstaben stark, die oberen und unteren Striche schmal ausführen können. Lassen Sie die keilförmigen Serifen in die Buchstaben übergehen. Am Schluss finden Sie noch einige alternative Formen der Halbunziale.

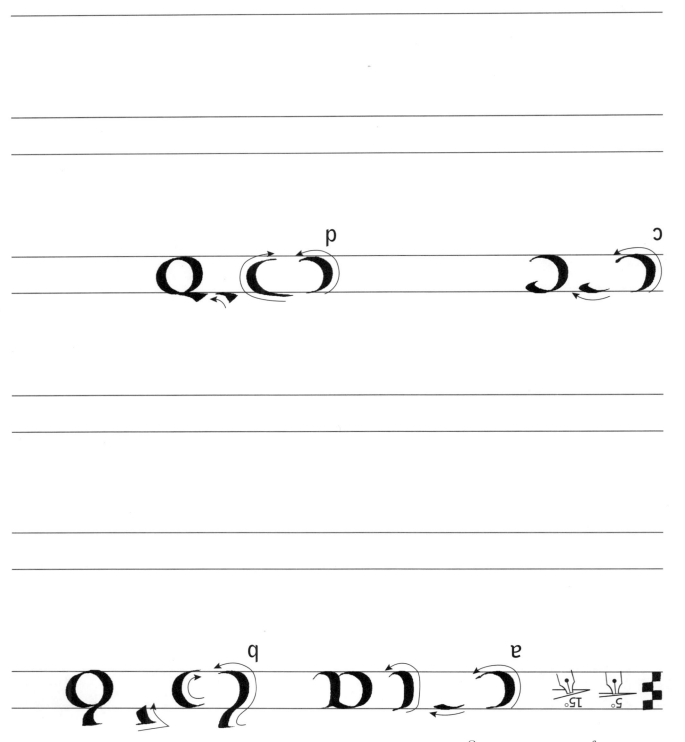

Halbunziale 43

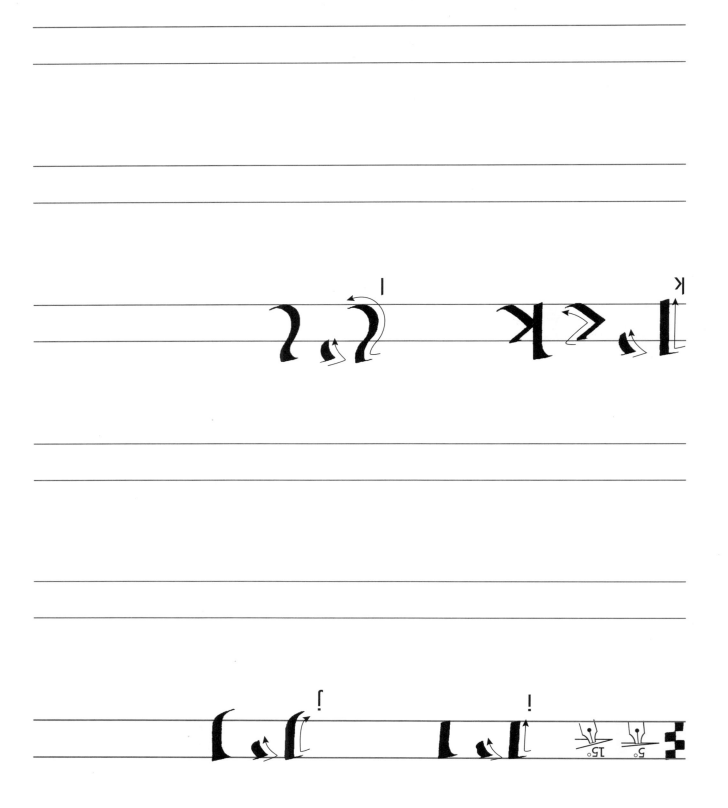

Halbunziale

o o

d c d

m n

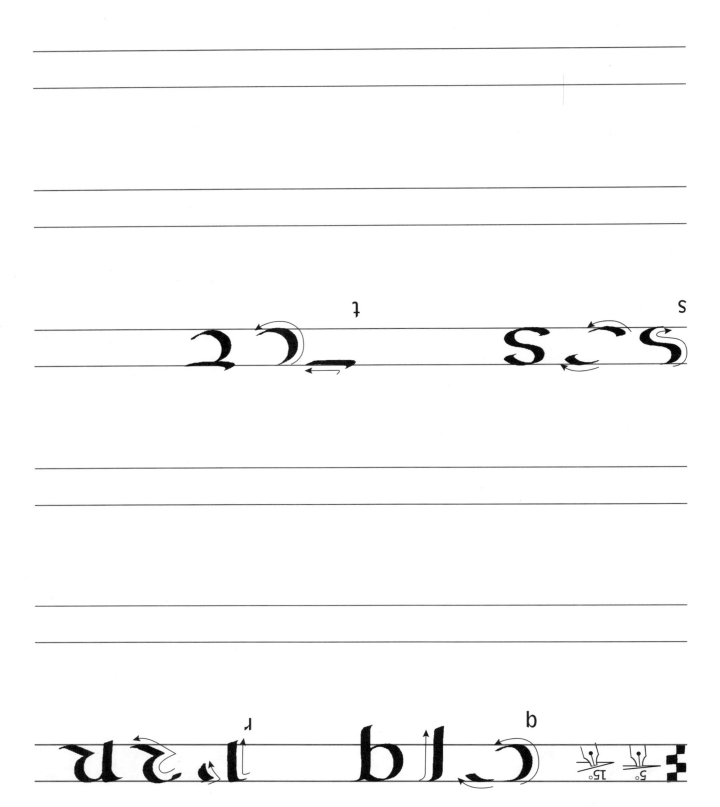

46 Halbunziale

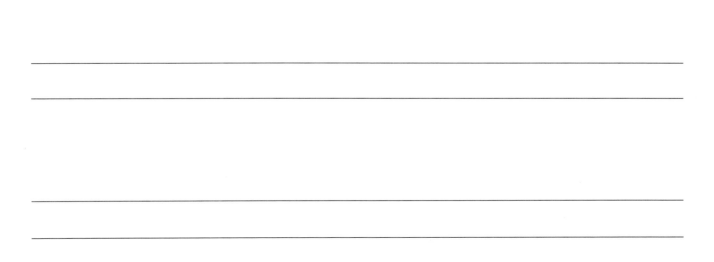

Halbunziale 47

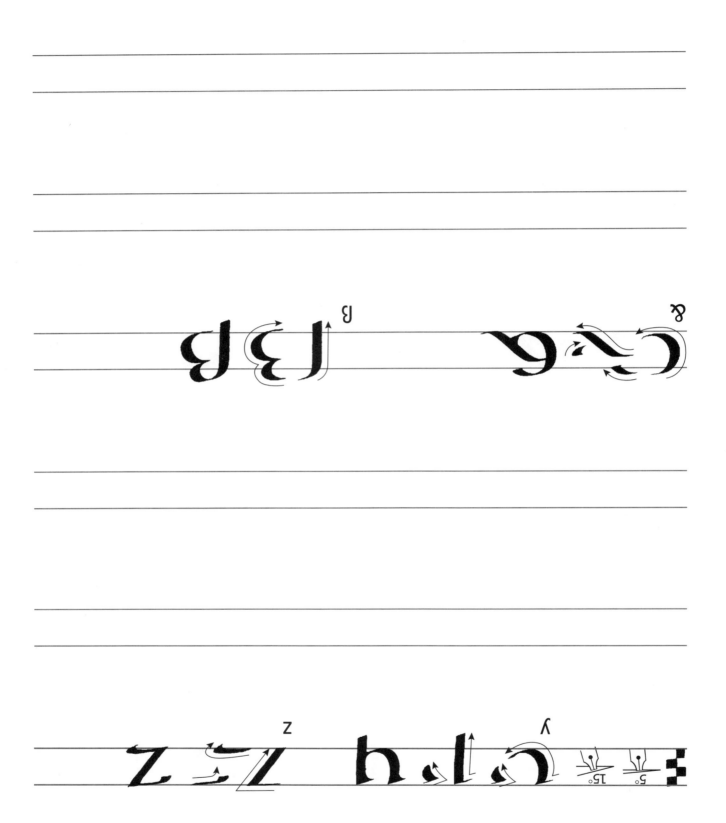

Halbunziale (alternative Formen)

Karolingische Minuskel (Kleinbuchstaben)

Die x-Höhe (Mittellänge) der Buchstaben beträgt drei Federbreiten, die Ober- und die Unterlängen messen jeweils vier Federbreiten. Halten Sie beim Schreiben einen konstanten Federansatzwinkel von 30° ein. Beachten Sie bei b, k, m, n, p und r die aus den Schäften entspringenden Bögen. Die runden Formen basieren auf einer gestreckten Kreisform.

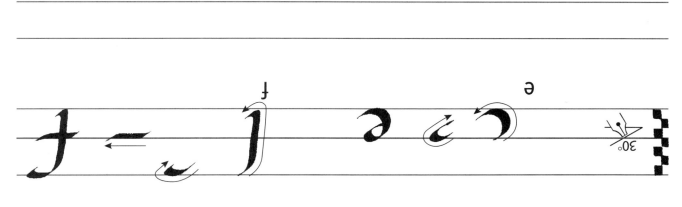

51 Karolingische Minuskel (Kleinbuchstaben)

52 Karolingische Minuskel (Kleinbuchstaben)

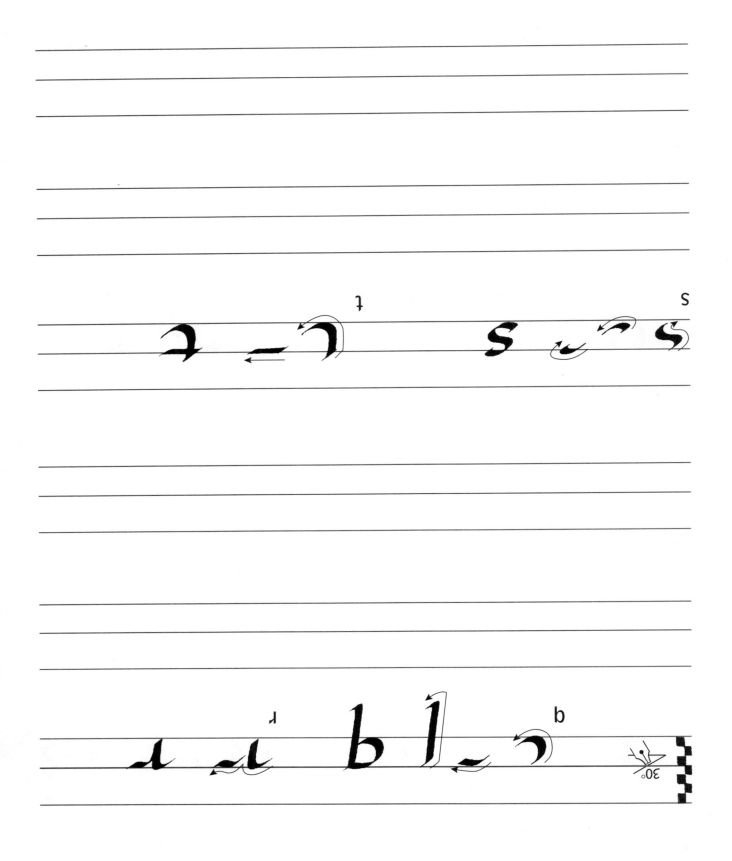

54 Karolingische Minuskel (Kleinbuchstaben)

Karolingische Minuskel (Kleinbuchstaben)

56 Karolingische Minuskel (Kleinbuchstaben)

Karolingische Minuskel (Großbuchstaben)

Die karolingische Minuskel verwendete als Großbuchstaben Unzial- oder Versalformen. Die modernen karolingischen Versalien, die sechs Federbreiten hoch und mit einer Neigung von 5–10° geschrieben werden, stellen eine modifizierte Form der römischen Capitalis dar. Sie sind gerundet, die Bögen bei B, D, P und R entspringen aus den Schäften der Buchstaben.

E F G H

30°

58 Karolingische Minuskel (Großbuchstaben)

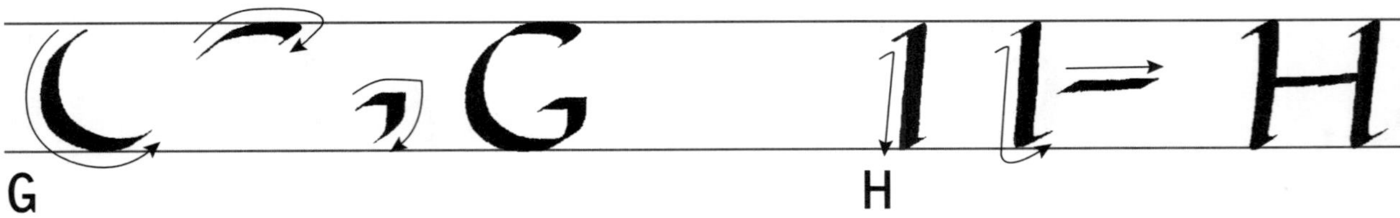

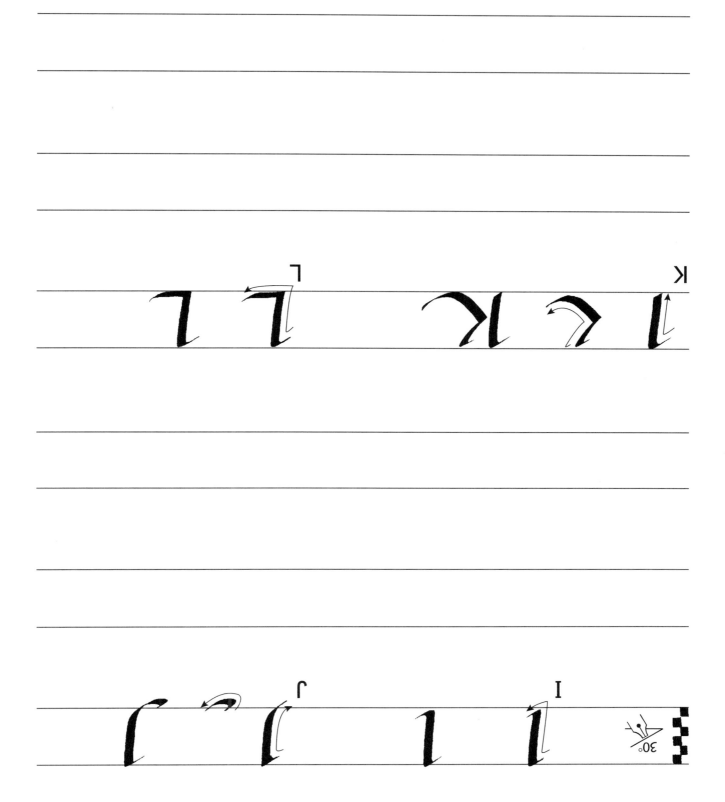

Karolingische Minuskel (Großbuchstaben)

60 Karolingische Minuskel (Großbuchstaben)

61 Karolingische Minuskel (Großbuchstaben)

62 Karolingische Minuskel (Großbuchstaben)

Karolingische Minuskel (Großbuchstaben)

Versalschrift

Die Buchstaben der Versalschrift werden mit zusammengesetzten Federstrichen beschrieben. Ziehen Sie zwei senkrechte Striche mit einem Ansatzwinkel von 0° (horizontal). Die Serifen werden im gleichen Winkel ausgeführt. Füllen Sie den Raum dazwischen mit einem dritten Federstrich aus. Der Ansatzwinkel für die Serifen bei C, E, F und L beträgt 90°, für die Bögen 20°.

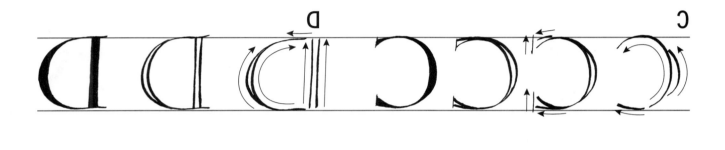

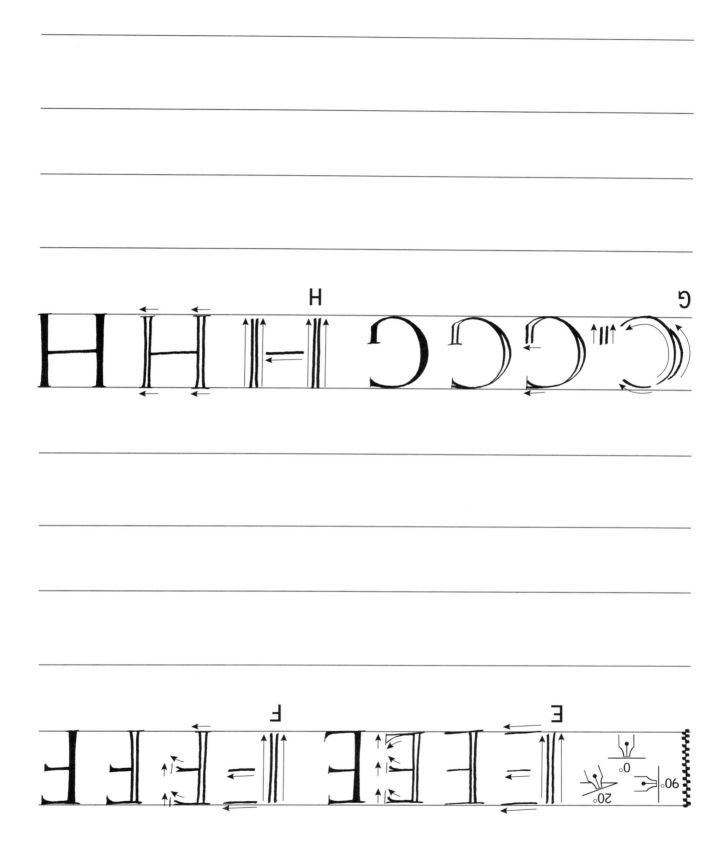

Versalschrift 65

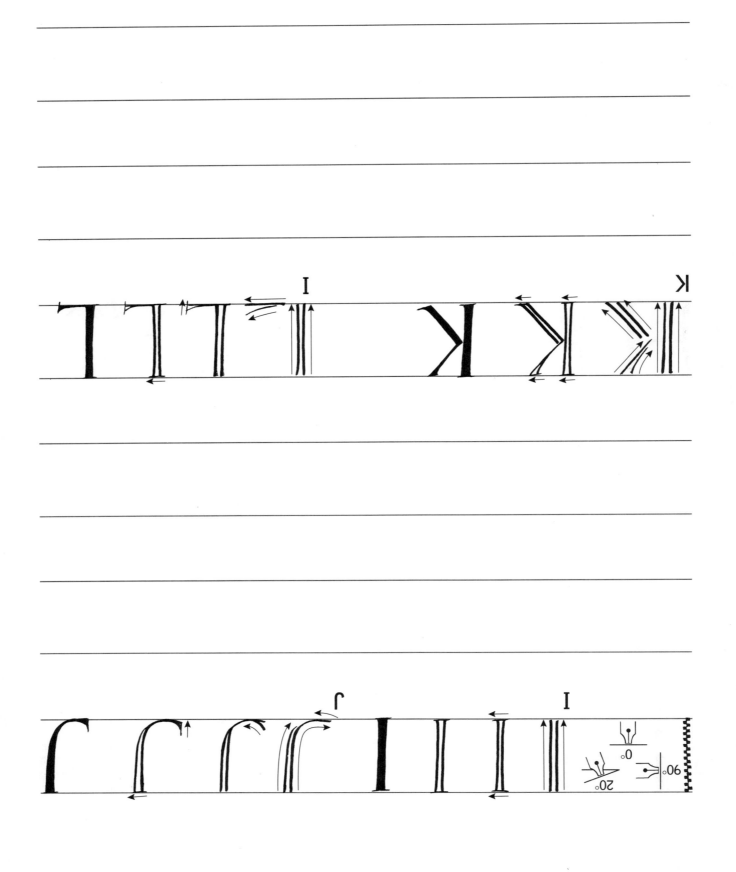

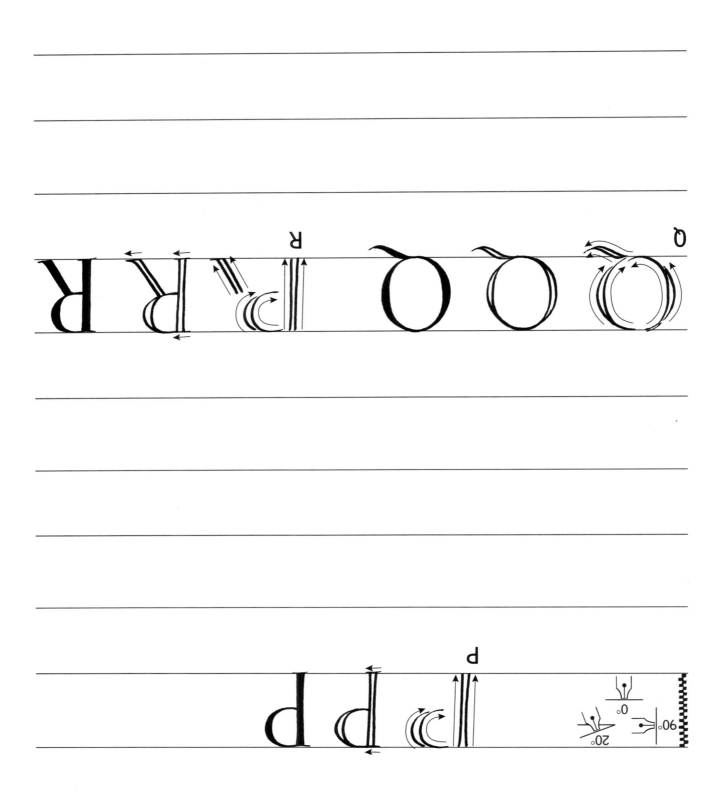

Versalschrift 71

Gotische Schrift (Kleinbuchstaben)

Die Kleinbuchstaben der gotischen Schrift haben eine x-Höhe von fünf Federbreiten, die auf einem eckigen, schmalen o basiert. Der Binnenraum der Buchstaben sollte eine bis anderthalb Federbreiten betragen. Der Raum zwischen den Buchstaben ist so groß wie der Binnenraum, wodurch eine regelmäßige schwarz-weiße Struktur entsteht. Halten Sie die Feder im Winkel von 40°.

Gotische Schrift (Kleinbuchstaben) 73

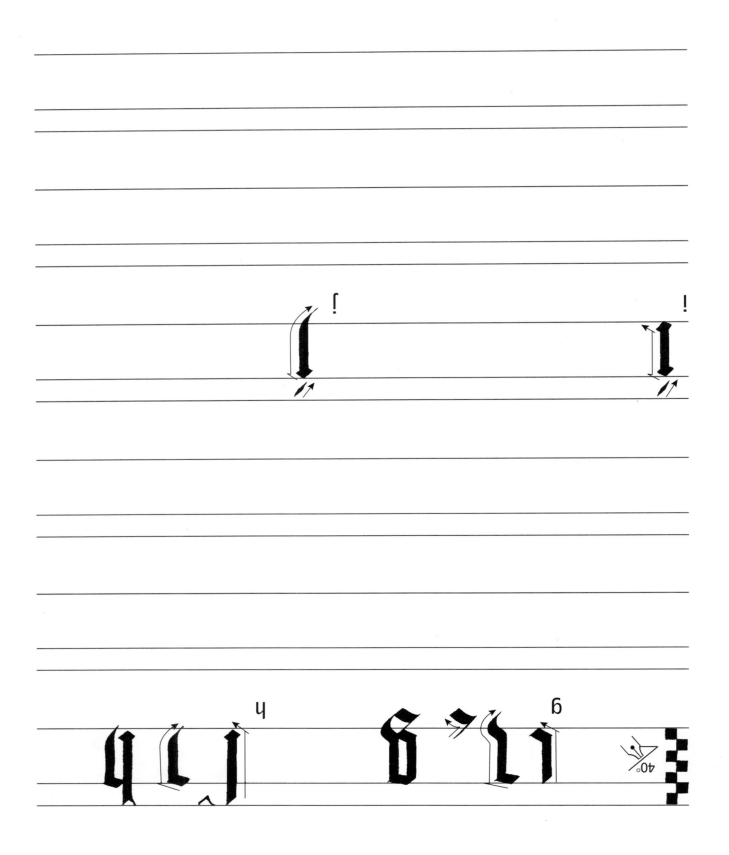

Gotische Schrift (Kleinbuchstaben)

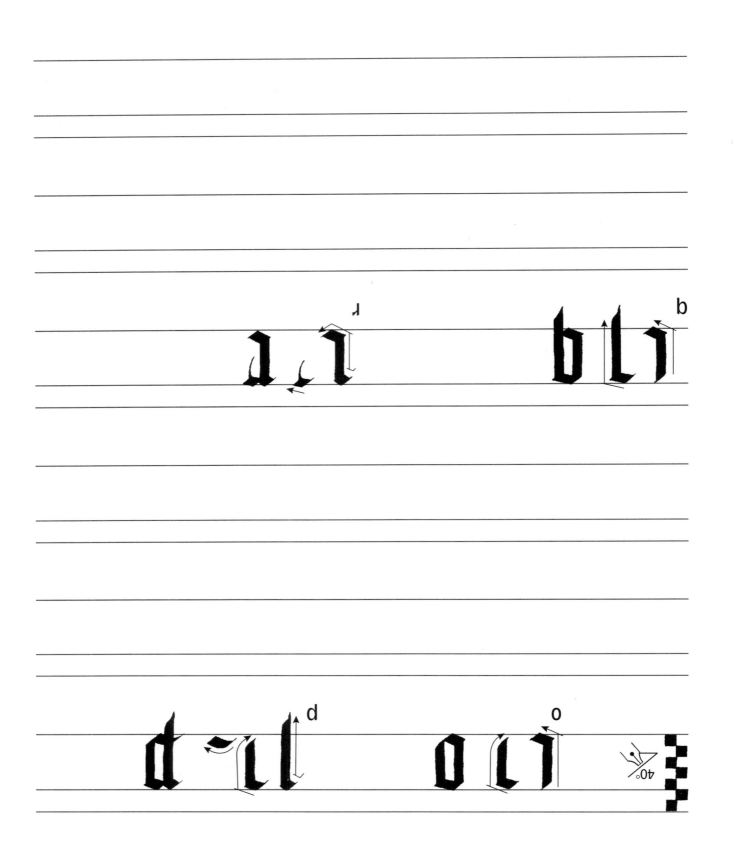

76 Gotische Schrift (Kleinbuchstaben)

77 Gotische Schrift (Kleinbuchstaben)

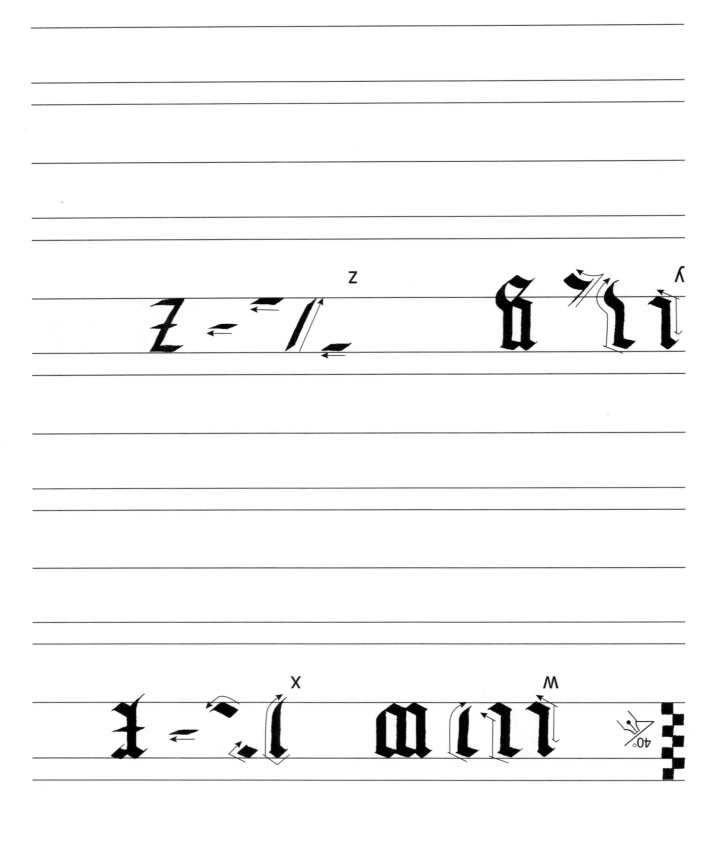

78 Gotische Schrift (Kleinbuchstaben)

Gotische Schrift (Großbuchstaben)

Die gotischen Großbuchstaben sind sechs Federbreiten hoch. Sie haben gedrungene, gerundete, doch in ihrem Aufbau eckige Formen. Schreiben Sie sie mit einem Ansatzwinkel von 40°. Gotische Großbuchstaben gibt es in mehreren Versionen.

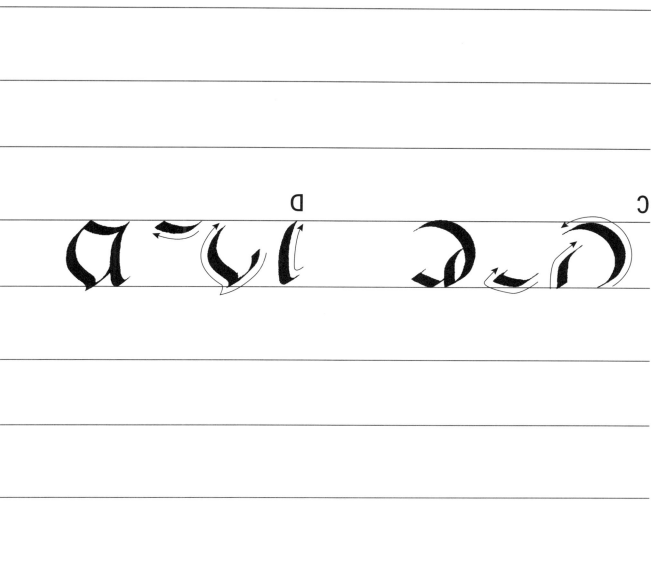

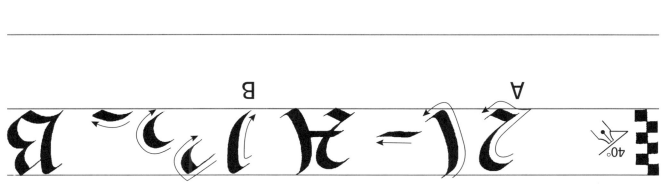

80 Gotische Schrift (Großbuchstaben)

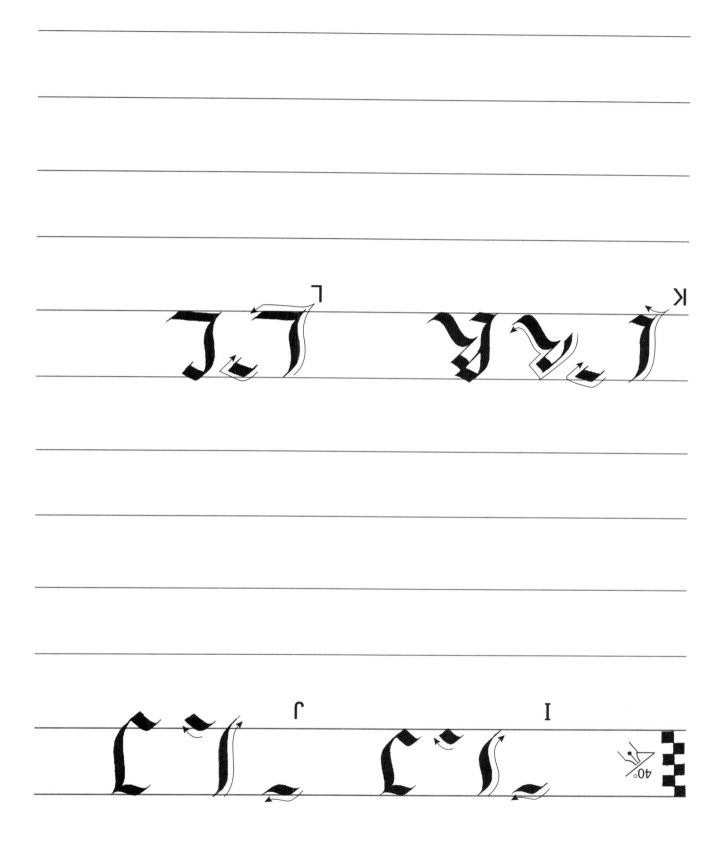

81 Gotische Schrift (Großbuchstaben)

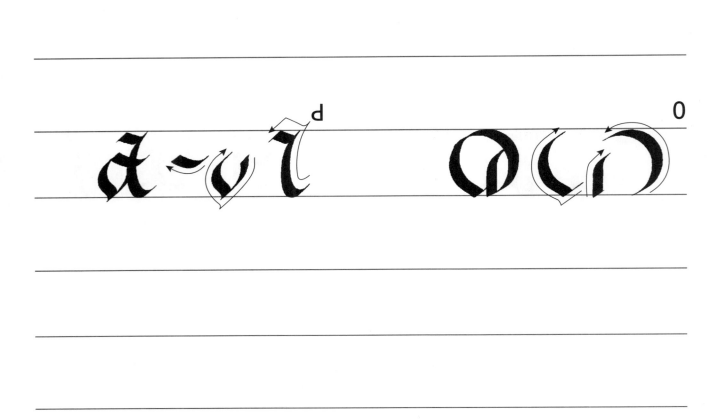

82 Gotische Schrift (Großbuchstaben)

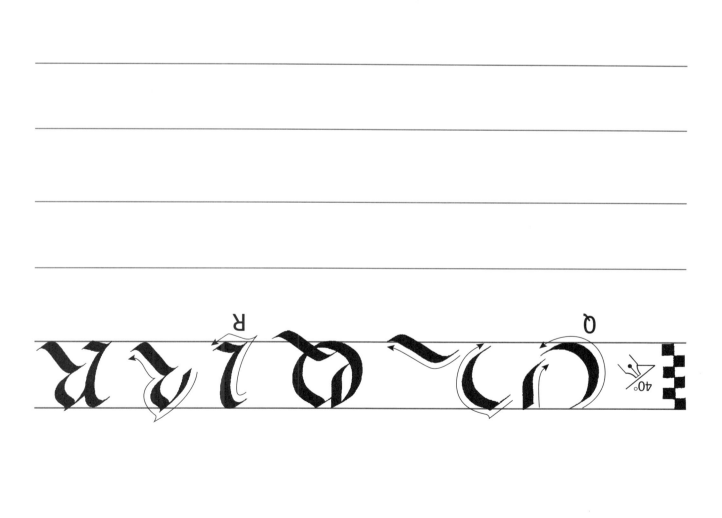

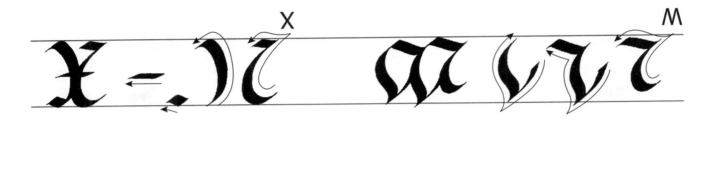

84 Gotische Schrift (Großbuchstaben)

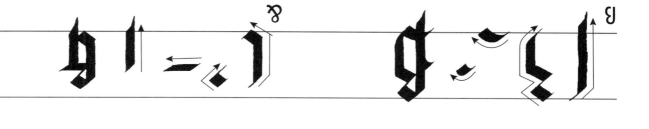

85 Gotische Schrift (Großbuchstaben)

Bâtarde (Kleinbuchstaben)

Die Bâtarde erfordert schon recht viel Schreibfertigkeit, da Sie bei den meisten Strichen den Federansatzwinkel ändern müssen um die Übergänge von starken Strichen zu Haarlinien auszuführen. Dabei wird die Tinte meist in einer schnellen Bewegung der Federecke über das Papier gezogen.

87 Bâtarde (Kleinbuchstaben)

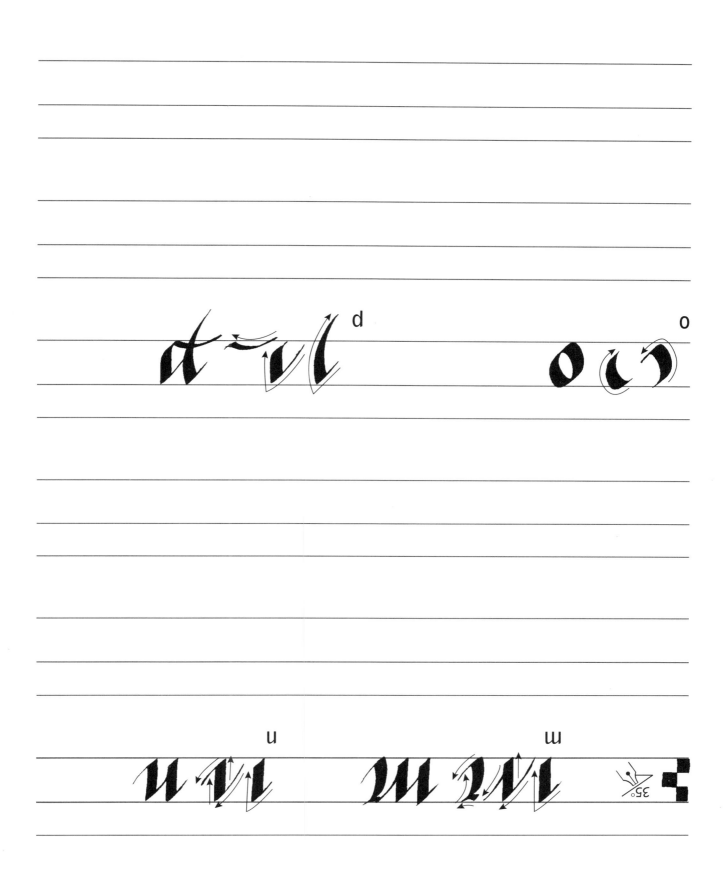

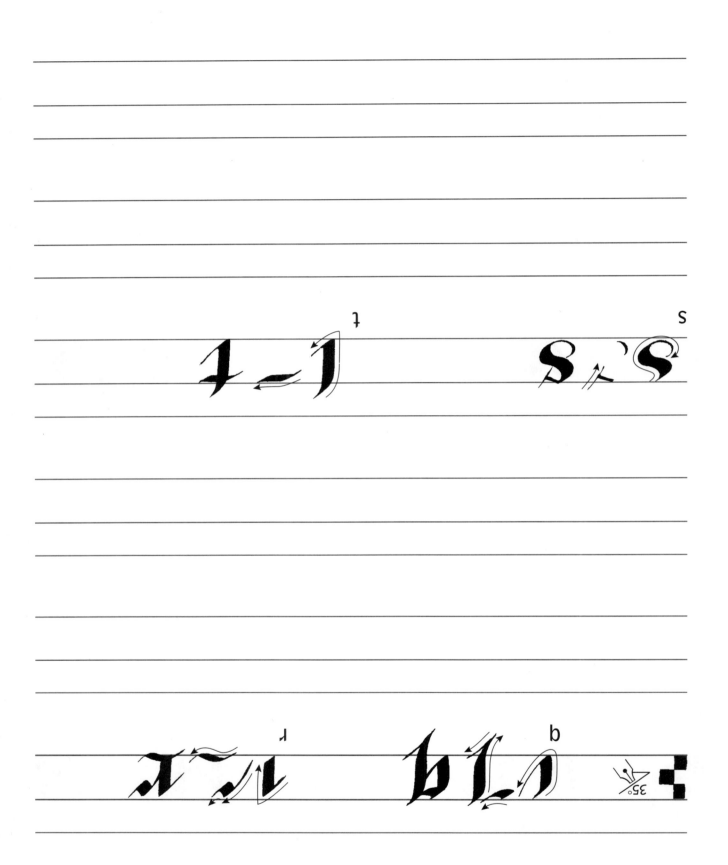

Bâtarde (Kleinbuchstaben)

92 Bâtarde (Kleinbuchstaben)

Bâtarde (Großbuchstaben)

Die Großbuchstaben der Bâtarde variieren zwar stark in ihrer Höhe, sind durchschnittlich aber viereinhalb Federbreiten hoch. Versuchen Sie eine leichte Hand mit freien Schreibbewegungen zu entwickeln und sich die Federdrehungen für die Haarlinien anzueignen.

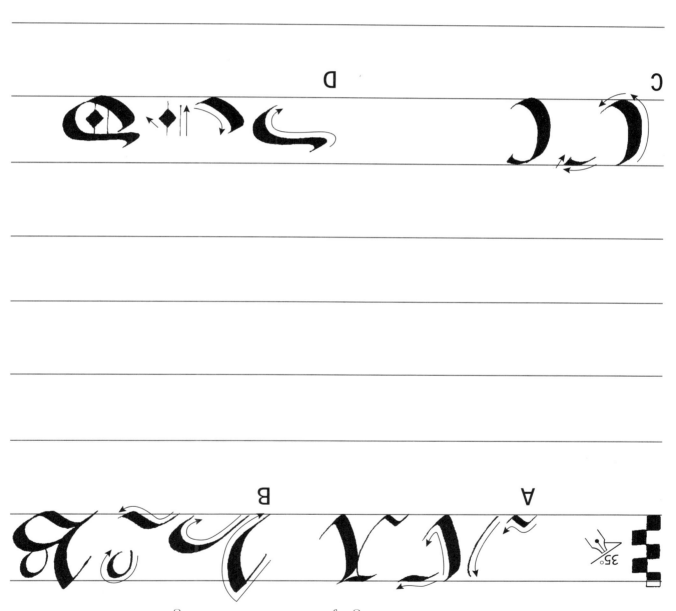

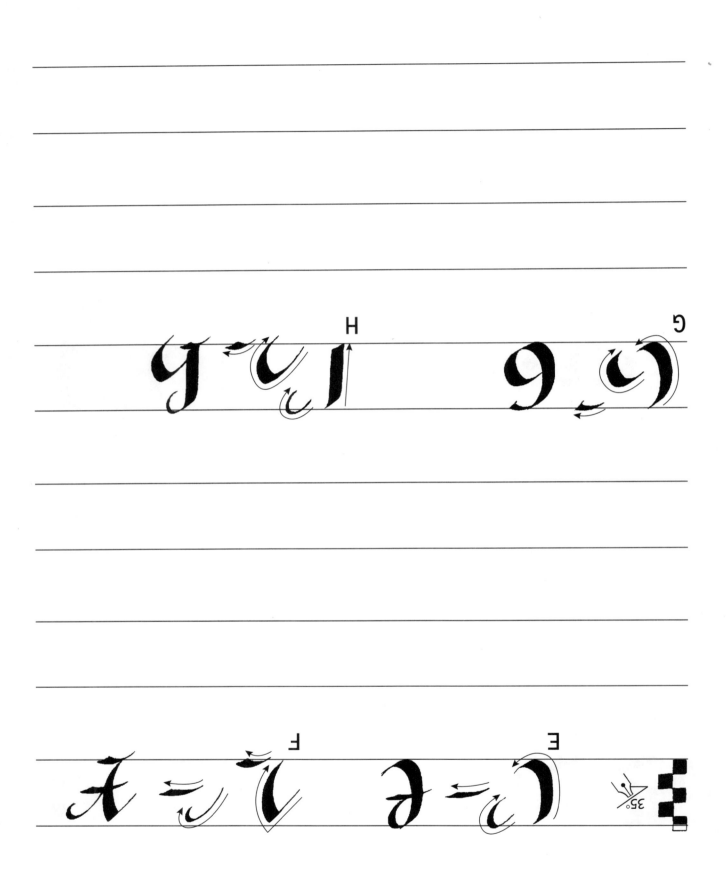

94 Bâtarde (Großbuchstaben)

Bâtarde (Großbuchstaben) 95

96 Bâtarde (Großbuchstaben)

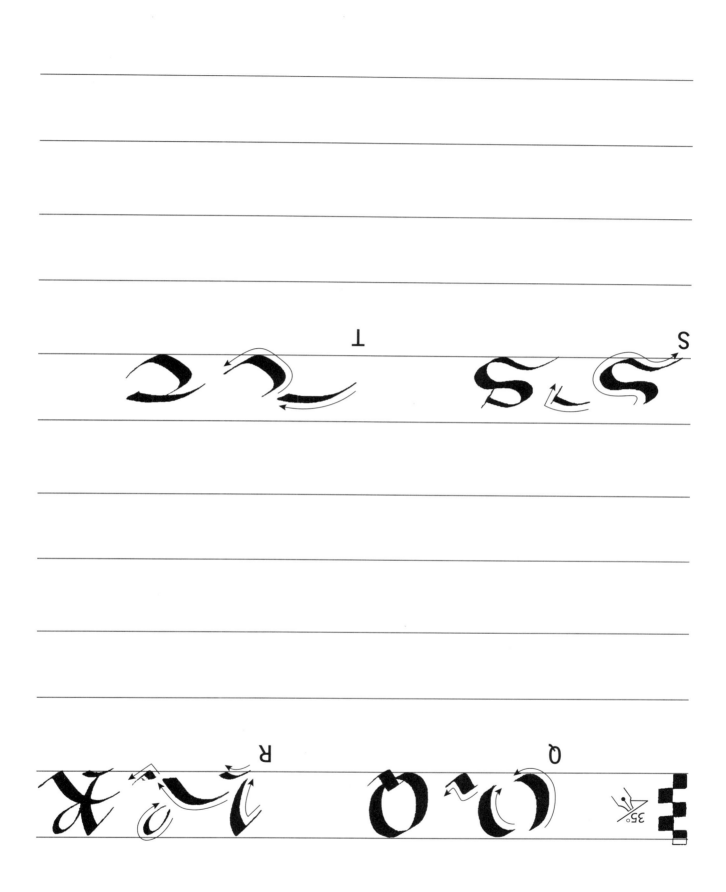

Bâtarde (Großbuchstaben)

86 Bâtarde (Großbuchstaben)

Englische Schreibschrift (Kleinbuchstaben)

Drehen Sie das Übungsbuch so, dass die Neigung der Buchstaben senkrecht erscheint (und die Schreibzeile nach oben verläuft). Halten Sie die spitze Spezialfeder vertikal, führen Sie leichte Aufstriche aus und drücken Sie die Feder bei den Abstrichen fester auf das Papier.

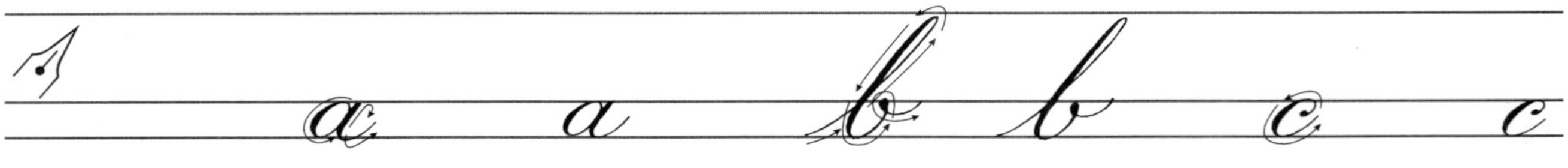

a b c

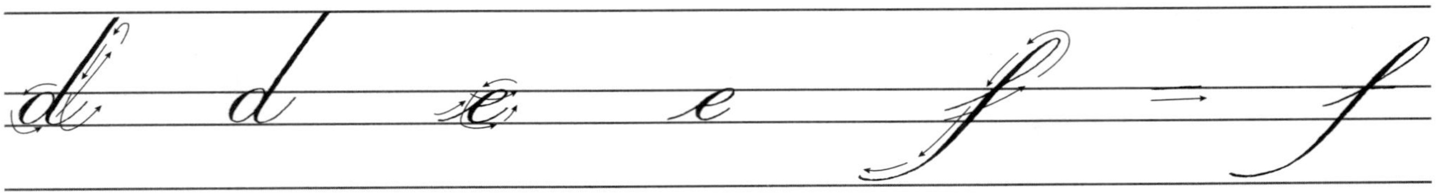

d e f

g h

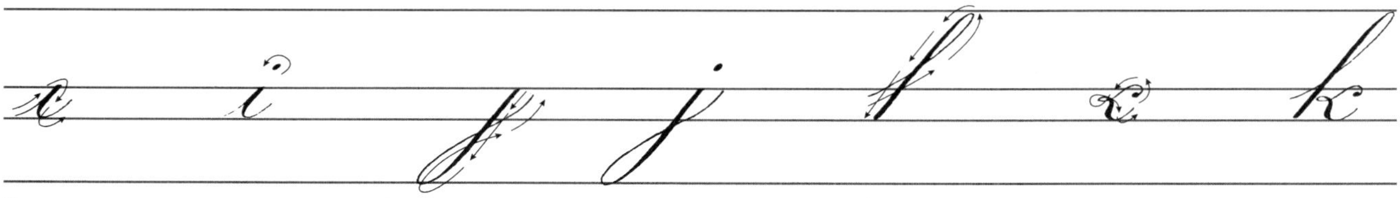

i j k

Englische Schreibschrift (Kleinbuchstaben) 101

| b | d | o |

| n | m | l |

Englische Schreibschrift (Kleinbuchstaben) 103

104 Englische Schreibschrift (Kleinbuchstaben)

w   x

y   z

Englische Schreibschrift (Großbuchstaben)

Drehen Sie das Übungsbuch so, dass die Neigung der Buchstaben senkrecht erscheint (und die Schreibzeile nach oben verläuft). Halten Sie die spitze Spezialfeder vertikal, führen Sie leichte Aufstriche aus und drücken Sie die Feder bei den Abstrichen fester auf das Papier.

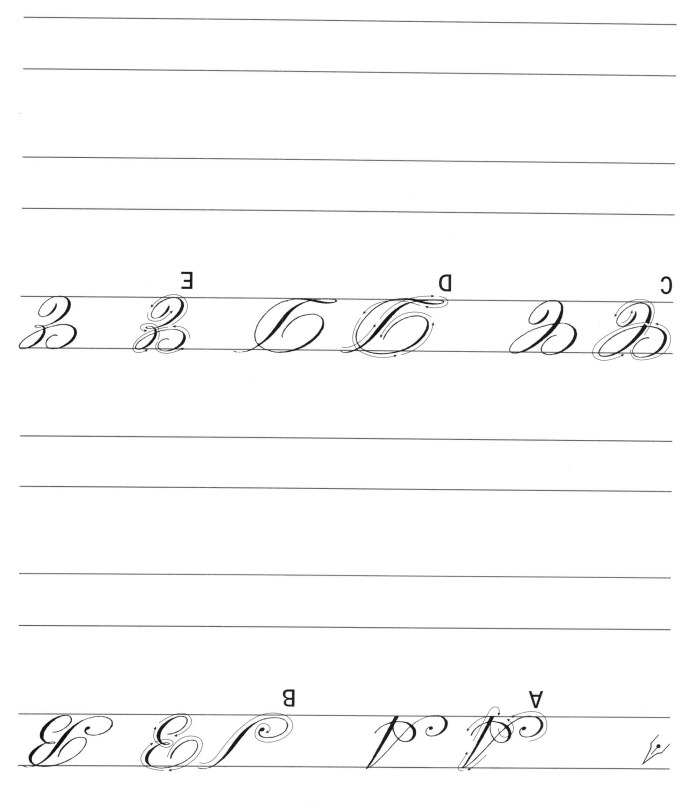

106 Englische Schreibschrift (Großbuchstaben)

Englische Schreibschrift (Großbuchstaben) **107**

108 Englische Schreibschrift (Großbuchstaben)

109 Englische Schreibschrift (Großbuchstaben)

𝒳 𝒳 𝒞 ℳ ℳ

𝒱 𝒱 𝒰 𝒰

Englische Schreibschrift (Großbuchstaben) **111**